El perro que me cambió la vida

JOHN DOLAN

El perro que me cambió la vida

John y George

Traducción de
Albert Vitó i Godina

Grijalbo | Narrativa

El papel utilizado para la impresión de este libro ha sido fabricado a partir de madera procedente de bosques y plantaciones gestionadas con los más altos estándares ambientales, garantizando una explotación de los recursos sostenible con el medio ambiente y beneficiosa para las personas. Por este motivo, Greenpeace acredita que este libro cumple los requisitos ambientales y sociales necesarios para ser considerado un libro «amigo de los bosques». El proyecto «Libros amigos de los bosques» promueve la conservación y el uso sostenible de los bosques, en especial de los Bosques Primarios, los últimos bosques vírgenes del planeta.

Título original: *John and George: The Dog Who Changed My Life*
Segunda edición: abril, 2015

© 2014, John Dolan
Publicado por primera vez por Century
© 2015, Penguin Random House Grupo Editorial, S. A. U.
Travessera de Gràcia, 47-49. 08021 Barcelona
© 2015, Albert Vitó i Godina, por la traducción

Penguin Random House Grupo Editorial apoya la protección del *copyright*.
El *copyright* estimula la creatividad, defiende la diversidad en el ámbito de las ideas y el conocimiento, promueve la libre expresión y favorece una cultura viva. Gracias por comprar una edición autorizada de este libro y por respetar las leyes del *copyright* al no reproducir, escanear ni distribuir ninguna parte de esta obra por ningún medio sin permiso. Al hacerlo está respaldando a los autores y permitiendo que PRHGE continúe publicando libros para todos los lectores.
Diríjase a CEDRO (Centro Español de Derechos Reprográficos, http://www.cedro.org)
si necesita fotocopiar o escanear algún fragmento de esta obra.

Printed in Spain – Impreso en España

ISBN: 978-84-253-5293-5
Depósito legal: B-432-2015

Compuesto en Fotocomposición 2000

Impreso en Romanyà Valls, S. A.
Capellades (Barcelona)

GR 5 2 9 3 5

Penguin
Random House
Grupo Editorial

*En memoria de Gerry y Dot Ryan
y de Les Roberts*

Al perro George

Prólogo

—Cuánto dinero dirías que hemos ganado hoy, John? —preguntó Griff con una sonrisa de oreja a oreja.

—¿Cómo quieres que lo sepa? —respondí encogiéndome de hombros—. ¿Un *cockle*?

Yo estaba sentado en la acera de High Street en Shoreditch, dibujando los edificios de mi alrededor como llevaba haciendo todos los días de los últimos tres años.

Tenía los dedos helados y había estado calculando si podía permitirme el lujo de tomarme una taza de té y un bocadillo para poder seguir dibujando.

George estaba a mi lado; como siempre, envuelto en un abrigo y con un vaso de papel delante para que los viandantes le echaran alguna moneda de vez en cuando.

—¿Cuánto era un *cockle*?
—Diez libras, para los pijos como tú.
—Pues no. Más de diez libras, John.

Esa frase sonó bien. En el vaso había unas cuantas libras, un puñado de monedas plateadas y algunas de cobre a pesar de que llevábamos dos horas largas allí sentados. Daba igual cuánto hubiera conseguido, seguro que era más de lo que habíamos reunido George y yo ese día.

—¿Cien pavos? —dije medio en broma.
—No. Más.

Griff estaba eufórico, desbordaba energía por los cuatro costados, pero yo intentaba que no se me contagiara.

—Bueno, ¿cómo quieres que lo sepa? ¿Quinientos?

—Más.

—¿Mil?

—Más.

Empecé a entusiasmarme. Era inevitable.

—¡Vamos, dímelo ya!

—John, estamos hablando de varios miles.

—¿En serio? ¿Qué quieres decir con «varios miles»?

—Quiero decir… quince mil libras, para ser exactos.

Me puse en pie de sopetón, riendo, rascándome la cabeza y frunciendo el ceño con incredulidad.

—¿De golpe? ¿Has conseguido quince mil libras… hoy? ¿Cómo lo has hecho?

—Vendiendo cinco de tus dibujos. Uno se lo han llevado por cinco de los grandes.

Sabía que Griff no mentía, pero de todos modos me costó asimilarlo; necesitaba digerirlo. No era normal que me pasaran cosas tan buenas.

—Será mejor que no me estés tomando el pelo, Griff, porque si no…

—John, es cierto. Cinco obras vendidas. Quince de los grandes en total.

George estaba sentado con la misma postura orgullosa de siempre, con las patas delanteras extendidas y la cabeza alta. Empezó a olisquear el aire y a mirarme con expectación, esperando una orden mía.

—¡Ven aquí, George! ¡Vamos, chico, ven aquí!

Se incorporó de un respingo y metió la cabeza entre mis manos cuando me agaché para hablar con él.

—¿Has oído eso, George? ¡Quince de los grandes! ¡Voy a ser rico!

Llevaba un tiempo angustiado por la posibilidad de perder

el techo en el que nos cobijábamos, pero en ese instante se esfumaron todos mis temores. No podía creer lo que acababa de oír.

Creo que a George le ocurrió lo mismo. Levantó las orejas y movió la cabeza de un lado a otro, como solía hacer siempre que escuchaba con atención. Su mandíbula parecía esbozar una sonrisa de satisfacción y le brillaban los ojos.

—¿Cuándo me darás la mitad que me corresponde? —habría dicho si hubiera podido, porque él es jeta—. Ahora en serio, me alegro por ti, amigo —habría añadido, o al menos eso me gustaría pensar—. Te merecías un golpe de suerte como este, pero no te olvides de quién es tu talismán.

Eso ocurrió en la primavera de 2013. Yo tenía cuarenta y un años, y vender esos dibujos era mi segundo golpe de suerte en la vida.

El primero había sido encontrar a George unos años atrás. En su momento no fui consciente de ello, pero realmente sería como un talismán para mí. Ese perro daría un vuelco a mi existencia.

Sin George yo no habría vuelto a coger el lápiz tras haber descuidado mi talento durante varias décadas; como tampoco habría conocido a Griff, que es como yo llamo al galerista local Richard Howard-Griffin. Sin duda habría acabado tirado en cualquier parte, en la cárcel o dos metros bajo tierra.

Pero en lugar de eso he colaborado con algunos de los artistas urbanos más famosos del mundo. Mis obras pueden verse en todas partes, de Nueva York a Moscú, y puedo presumir de haber vendido todas las de una exposición en Londres. Sin embargo, para llegar a donde estoy en la actualidad he pasado un verdadero calvario. Cuando encontré a George llevaba muchos años atrapado en una espiral de indigencia, delitos, cárcel, depresión y drogas.

Fue George el que evitó que siguiera inmerso en esa espiral. Fue George quien consiguió que aflorara el artista que llevo dentro.

No está nada mal para tratarse de un Staffordshire bull terrier joven, sobre todo si tenemos en cuenta que él también había pasado lo suyo antes de que yo lo encontrara. George lo es todo para mí. Lo quiero con locura, y esta es la historia de cómo me cambió la vida.

1

George entró en mi vida en el invierno de 2009. En esa época yo vivía solo en una habitación de alquiler social, en un piso compartido que estaba encima de un quiosco de Royal Mint Street, más allá de la Torre de Londres. Tuve la suerte de pasar allí unos dos años en total, lo que no estuvo nada mal si tenemos en cuenta que me limitaba a ir tirando con grandes dificultades en todos los aspectos en los que una persona puede ir tirando: no tenía trabajo, ni ingresos, ni ningún tipo de control sobre mi problema con las drogas. Ese alojamiento era lo único que tenía, y había pasado el tiempo suficiente sin hogar y durmiendo en la calle para sentirme afortunado de tener un techo bajo el que cobijarme. Mi madre, Dot, me había enseñado que la caridad empieza en casa; por eso cuando me topaba con alguien todavía más desgraciado que yo, a veces le ofrecía alojamiento durante una o dos noches. Así fue como conocí a Becky y a Sam.

Los conocí frente a la parada de metro de Tower Hill. Eran una bonita pareja de veintipocos años que pedían limosna en la calle. Igual que la mayoría de los sin techo que se dedican a mendigar, parecían hartos de todo y necesitaban con urgencia un golpe de suerte. Tenían un perro pastor que me recordaba un poco a uno que yo había cuidado de joven, y fue gracias a eso que empezamos a hablar. En un mes llegué a conocerlos bastante bien porque, por mucha vergüenza que me dé admitirlo, yo también pedía limosna. No sabía qué otra cosa podía hacer. Solía decir a la gente que pasaba «dificultades económicas», pero la realidad era mucho peor que eso. Lo cierto es que estaba pasando verdaderas penurias. No tenía ni un penique, y no se me ocurría ninguna otra opción aparte de salir a la calle gorra en mano y preguntar a los viandantes si tenían alguna moneda para un pobre desgraciado como yo. En cualquier caso, siempre que me encontraba con Becky y Sam intentábamos animarnos mutuamente, nos tomábamos una taza de té para mantener el frío a raya o nos contábamos las cosas que nos hacía la gente mientras pedíamos.

—Un tío me soltó que tenía una bonita sonrisa y que merecía tener más suerte, y me dio un billete de cinco —decía Becky.

—Pues de mí afirmó un tipo que soy una deshonra para la humanidad y que debería atropellarme un autobús de dos pisos —decía yo en broma. No es que se alejara mucho de la verdad, pero la única manera de soportarlo era mofándome de ello; de lo contrario, no habría podido salir adelante.

Se acercaba el mes de diciembre y el frío empezaba a arreciar. Sabía por experiencia lo deprimente que resulta estar en la calle, de modo que dije a Becky y a Sam que podían quedarse conmigo una temporada si lo deseaban. Llevaban dos años durmiendo en cualquier parte, así que no me sorprendió que enseguida se aferraran a mi ofrecimiento, a pesar de que les advertí que mi cuarto no era precisamente el Ritz. Era húmedo y frío y estaba tan abarrotado de cosas que apenas había espacio para mi sofá cama; aun así, se mostraron muy agradecidos de que les dejara dormir allí, acurrucados junto a su perro pastor. Me dijeron que lo habían rescatado de un refugio para indigentes en el que solo recibía puntapiés, y eso me llegó al corazón. Yo había sido testigo de un montón de actos de violencia durante muchos años, y a mí también me habían dado unos cuantos palos durante mis peores épocas.

—Está muy bien lo que habéis hecho —dije a Becky—. La vida consiste en esto.

Llevaban ya un par de días conmigo cuando Becky subió corriendo la escalera del piso bastante alterada. Casi sin aliento, me preguntó si me parecía bien que acogiera a otro perro. Yo me mostré algo reticente. Cuando no tienes casa, es importante no asumir demasiadas responsabilidades. Ya cuesta lo suyo conseguir el dinero necesario para ir tirando y poder comer algo como para, además, tener que mantener a dos perros.

—¿Por qué? ¿Va todo bien? ¿Qué ha pasado?

—Bueno, es una historia un poco extraña —me respondió ella mientras recuperaba el aliento.

Resultó que un escocés borracho se le había acercado tambaleándose en una estación de metro y le había preguntado si quería comprarle el perro.

—¿Cuánto quieres por él? —le había preguntado ella.

—Lo que cueste una lata de cerveza *lager*, nada más —había contestado el escocés.

—¡No seas ridículo! ¡No puedes cambiarlo por una simple lata de cerveza!

Becky echó un vistazo al perro que estaba sentado tranquilamente junto al escocés. Era joven, guapo y despierto. Le pareció un insulto que quisiera vendérselo por el precio de una birra, aunque fuera *lager*. Becky decidió que el escocés no merecía tener a ese perro si no era capaz de valorarlo, de modo que rebuscó en sus bolsillos todo el dinero que llevaba.

—¿Sabes qué? Te daré veinte libras —dijo—. Toma, pero no se te ocurra volver, ¿me has oído?

—Vale. Comprendido —respondió el tipo mientras contaba las monedas—. Por cierto, se llama George.

El escocés se alejó tambaleándose y Becky se quedó con la vieja correa de George en la mano, preguntándose qué demonios acababa de hacer y con la esperanza de que a mí no me importaría cobijarlo también en el piso.

—¡Por qué no! —exclamé tras oír la historia—. Me parece que ese chucho necesita un poco de nuestra ayuda. Vamos, tráelo.

Becky bajó otra vez la escalera para ir a buscarlo. Un par de minutos más tarde, la puerta se abrió de nuevo y entró George.

Yo me quedé muy sorprendido al ver lo guapo que era. Los perros de los indigentes no suelen estar muy bien cuidados, y muchos van sucios y están mal alimentados. En cambio George, a pesar de que parecía un poco inquieto, enseguida demostró ser un animal muy alegre. La mancha oscura que rodeaba su ojo derecho le daba un encanto especial, como también el hecho de que tuviera una oreja oscura y la otra clara. Tenía una muesca en una de las orejas, quizá de resultas de una pelea, pero no cabía ninguna duda de que era un perro precioso.

—¿Una lata de cerveza *lager*? —exclamé—. ¡Ese tío debe de estar mal de la azotea!

Acaricié la cabeza a George para saludarlo, pero tampoco quise insistir demasiado porque me di cuenta de que estaba un poco nervioso y agitado. Supuse que era de lo más normal, pues sin duda le extrañaba encontrarse en una habitación desconocida y con unos dueños nuevos. Además, quién sabe qué tipo de vida le había dado aquel borracho.

—¿Cuánto tiempo hacía que lo tenía el escocés? —pregunté.

Becky se encogió de hombros.

—No tengo ni idea, pero no creo que George sea muy viejo.

Yo tuve la misma impresión. No era un cachorro, pero tampoco parecía tener más de, por decir algo, un año y medio.

George se quedó sentado muy tranquilo, mirando y escuchando, con el cuerpo increíblemente quieto. Dirigía los ojos hacia quien estuviera hablando y levantaba las orejas con un respingo ante el menor ruido procedente del exterior. Aunque quedó claro que estaba en guardia, emanaba una profunda serenidad. A decir verdad, George tenía algo que en cierto modo era fascinante. Me gustó desde el primer momento.

«Como si estuvieras en tu casa.»

—¿Puedes cuidarnos a George durante unas horas? —me preguntó Becky unos días más tarde—. No te lo pediría si no fuera por un buen motivo.

Ella y Sam tenían una reunión con un asistente social que estaba intentando sacarlos de la indigencia y me contó que no quería presentarse a la cita con dos perros. Yo sabía que no iban a ninguna parte sin el perro pastor y estuve encantado de poder ayudarlos. George se había portado de perlas los días que llevaba en el piso. Apenas había ladrado, no se había hecho notar demasiado y su presencia tranquilizadora me hacía sentir muy cómodo. Era un invitado muy agradable.

—Será un placer —dije—. Eres un buen chico, ¿verdad, George?

Me miró y movió la cabeza como si asintiera. No me planteé que pudiera ser un problema en absoluto. De hecho, no me planteé nada. Punto.

Becky y Sam tardaron una eternidad en volver, por lo que di a George la media lata de comida para perros que habían dejado junto al hervidor y un cuenco con agua. A pesar de que había pasado mucho tiempo desde la última vez que me había encargado de cuidar a un perro, fui consciente de que tendría que sacarlo a pasear si no regresaban pronto. Esperé tanto como pude hasta que empezó a anochecer antes de decidirme a hacerlo. Me di cuenta de lo aburrido que estaba y no me pareció bien que un perro joven como él tuviera que soportar la ansiedad de estar encerrado en un piso diminuto como el mío. George se mostró entusiasmado cuando por fin le até la correa y abrí la puerta. Salió disparado y me arrastró escalera abajo como lo haría un husky con un trineo.

Cuando llegamos a la calle lo contuve lo mejor que pude y dimos la vuelta a la manzana. Me inquietaba que la artritis que sufría en el tobillo pudiera darme la lata, y sabía que George tenía fuerza de sobra para tirarme al suelo, pero procuré no pensar en ello. Quise concentrarme en lo mucho que me estaba gustando pasear de nuevo a un perro. Debían de haber transcurrido unos quince años desde la última vez. De hecho, tuve la sensación de que hacía todo ese tiempo que no salía a la calle con un buen propósito, para hacer algo bueno.

Mientras deambulábamos por el parque, me acordé de las ocasiones en las que de niño caminaba por Londres con Butch, un precioso perro mestizo de pelaje negro, mientras me preguntaba por mi futuro. Todo eso había quedado muy lejos y mi vida había acabado siendo un desengaño monumental.

—Las cosas no siempre salen como uno esperaba, ¿verdad,

amigo? —dije a George, y él se volvió hacia mí de repente y me lamió la mano—. ¡Eh, tranquilo! ¿A qué estás jugando?

Me acarició la pierna con el hocico y me animé enseguida. Parecía su manera de agradecerme que lo hubiera sacado a pasear y que lo estuviera cuidando. No tenía por qué hacerlo. Es más, gracias a él yo había salido a pasear y a respirar aire puro en lugar de quedarme encerrado en mi diminuto y miserable piso, pensando en la forma de olvidar la situación en la que me encontraba. Yo le estaba haciendo un favor, pero él también me lo estaba haciendo a mí.

Sin embargo, el paseo con George tuvo un efecto algo inquietante, puesto que yo no estaba acostumbrado a asumir responsabilidades y hacía un montón de tiempo que no me ocupaba de un perro. Cuando salíamos del parque, George inclinó la cabeza hacia un lado y me miró con atención, como si de algún modo se estuviera esforzando por comprenderme. Tuve la sensación de que tenía que responder a lo que sus ojos me preguntaban.

—Conmigo estarás bien, pequeño —le dije—. Tranquilo, no te preocupes por nada.

George frunció la frente y su mirada fue devastadora. Me senté en un banco con él a mis pies, recogí una edición atrasada del *Evening Standard* y empecé a hojearlo. Había un artículo acerca de los recortes de prestaciones que me llamó la atención y me puse a leerlo. Uno de los muchos motivos por los que me encontraba en ese estado era precisamente por culpa de esos recortes. Por supuesto, había más razones y buena parte de la culpa era mía, pero sin duda la disminución de las prestaciones había contribuido a que me hallara mendigando por las calles a pesar de que eso era lo último que me apetecía hacer. Necesitaba desesperadamente que las cosas empezaran a ir mejor, pero con mi historial y con lo complicada que era mi existencia por aquel entonces, nadie en su sano juicio me habría dado un empleo. No veía la manera de salir de esa tumba que yo mismo me había cavado. Me había resignado a creer que mi vida no podía mejorar, o me parecía mucho más probable que empeorara, en todo caso.

Mientras leía el artículo, George se sentó entre mis piernas y metió el hocico en el periódico.

—Qué cabrón —murmuré antes de apartar el periódico y rascarle la cabeza.

A George pareció gustarle, y por primera vez me pasé un buen rato observándolo. Lo miré fijamente, y él me devolvió la mirada, con orgullo, sin parpadear. Parecía como si hubiera una conexión entre nosotros. Percibí una gran profundidad en sus ojos que me colmó de tranquilidad, de una calma que se apoderó de mí mientras compartíamos ese momento. Después de mucho tiempo, volvía a sentir algo parecido a la paz.

Más tarde, Becky y Sam volvieron al piso entusiasmados y enseguida me di cuenta de que se morían de ganas de contarme algo.

—¿Son buenas noticias? —pregunté.

Era obvio que estaban eufóricos por algún motivo, pero cuando empezaron a hablar me pareció que Becky estaba un poco nerviosa.

—Bueno, John, el caso es que... Vaya, que nos han ofrecido un piso, pero... —Se quedó mirando a George, que parecía estar pendiente de cada una de sus palabras.

—¡Genial! —la interrumpí—. ¡Felicidades! Me alegro por vosotros.

—Pero hay un problema...

—Adelante.

—Solo podemos tener un perro.

Volví la mirada hacia George, que seguía sentado como si nada, mirando al suelo fijamente. Dios mío, qué pena me dio. Sabía exactamente lo que se sentía cuando te rechazaban, cuando eras tú quien quedaba excluido. Sabía que Becky y Sam no podían renunciar de ningún modo a la oportunidad de dormir bajo un techo después de vivir en la calle durante tanto tiempo. Era evidente que se llevarían al perro pastor. A George le tocaba quedarse sin hogar.

—No te preocupes, colega —dije mientras me acercaba a George para acariciarle la cabeza—. A un tío tan guapo como tú no le costará encontrar un nuevo hogar.

—Esto… —dijo Becky de repente a la vez que empezaba a frotarse las manos hecha un manojo de nervios—. John, he de pedirte algo.

—¿De qué se trata?

—Bueno, teníamos la esperanza de que fueras tú quien se quedara con él. ¿Qué te parece?

Bajé la mirada hacia George, recordé la tarde que habíamos pasado juntos en el parque y hube de reconocer que solo había una única respuesta posible.

—Por supuesto. Puede quedarse conmigo todo el tiempo que queráis hasta que le encontréis un buen hogar. Estaré encantado de disfrutar de su compañía durante un tiempo.

Becky sonrió, pero intuí que aquello no había terminado.

—Es que no estaba hablando de algo temporal… —continuó diciendo mientras nos miraba a George y a mí—. Lo que quería saber era si te gustaría quedarte a George.

No podía creer lo que estaba oyendo. No recordaba la última vez que alguien me había confiado algo, y ahí estaba Becky ofreciéndome ese animal tan precioso.

—¿Yo? ¿Quieres que me lo quede yo? —exclamé, aunque más para mí mismo que dirigiéndome a Becky.

—Sí… Si tú quieres, claro. Hemos visto cómo te ocupas de él. Eres un tío auténtico, John. Sam y yo nos hemos dado cuenta. Sabemos que lo cuidarás; de lo contrario, no te lo pediríamos.

Cuando te dedicas a pedir limosna no sueles recibir muchos

elogios, por eso las palabras de Becky me emocionaron tanto. Se había dado cuenta de lo bien que George y yo nos llevábamos, y eso me dio la seguridad que necesitaba para decir lo que dije a continuación.

—¿De verdad? Bueno, si me lo pides así... ¡con tantos cumplidos conseguirás cualquier cosa, cielo!

Y fue así como lo decidimos. Con una palmada en los muslos.

—¡Ven aquí, George! Ven aquí, chico.

Se levantó del suelo y acudió trotando y meneando la cola.

—¿Qué te dije? Las cosas no siempre salen como uno esperaba, ¿eh, amigo?

Becky y Sam se marcharon de mi piso esa misma noche y yo me acosté muy tarde. Por aquel entonces solía dormir fatal, pero después de preparar mi sofá cama y de buscar un lugar para George en el suelo me sumí en un sueño profundo con relativa facilidad. A la mañana siguiente abrí los ojos y vi que George se había enroscado en el hueco que formaban mis piernas mientras había estado durmiendo de lado. Durante unos segundos creí que todo eran imaginaciones mías. George parecía completamente relajado, acurrucado como si siempre hubiera descansado de ese modo. Tardé un minuto o dos en despertarme del todo y entonces lo primero que pensé fue: «¿Qué demonios he hecho?».

La seguridad que había sentido el día anterior había desaparecido de repente. Estaba en las últimas. No tenía trabajo, ni dinero, ni ningún objetivo en absoluto. Si ni siquiera era capaz de cuidar de mí mismo, ¿cómo iba a cuidar de George? Era un perro de raza grande, ¡por el amor de Dios! Aquello era una verdadera locura; no podría con todo. Cerré los ojos en un intento de obviar la realidad. Odiaba las mañanas, nunca encontraba fuerzas para hacer nada antes de mediodía. Normalmente, desde el momento en el que me despertaba, empezaba a pensar en cómo conseguiría superar el día y hasta en si alcanzaría a ver la noche. Ya estaba viviendo al límite; si encima tenía que ocuparme de un perro, podía acabar traspasándolo. Pensé que Becky lo comprendería y decidí que, si era necesario, yo mismo me encargaría de encontrar a George un nuevo hogar.

Él se estiró y alargó la cabeza hasta que le quedó a la altura de la mía, lo que me hizo abrir los ojos de nuevo. Lo tenía a pocos centímetros del rostro, mirándome con atención. El piso estaba helado y su cálido aliento se convertía en vapor visible que me daba en la cara.

—¿Qué quieres? —le pregunté—. ¿Qué haces, eh?

Los ojos pardos de George brillaban con intensidad. Parecía atento y entusiasmado, justo lo contrario de cómo me sentía yo.

—¡Vamos, lárgate! Me levantaré enseguida, pero ahora… ¡déjame en paz!

Cogí el móvil y llamé a Jackie, mi hermana. Era la única de la familia con la que seguía hablándome, aunque en ocasiones pasaban seis o nueve meses sin que nos dijéramos nada y llevaba varios años sin verla.

—¿Qué ocurre, John? —preguntó. Sabía por experiencia que siempre que la llamaba era porque me había metido en problemas o porque necesitaba que me hiciera un favor.

—He cometido una estupidez.

—No me digas. ¿Qué has hecho esta vez?

Como siempre, había un matiz de compasión y preocupación en su voz, por muy harta que sin duda estaba de ayudar al inútil de su hermano pequeño.

—¡No soy capaz de cuidarme a mí mismo y ahora encima tengo que cuidar de un perro!

—¿Lo dices en serio? —preguntó Jackie con una carcajada.

—No es ninguna broma. ¿Qué voy a hacer?

—Bueno, se me ocurren cosas peores que podrías haber hecho. ¿Cómo se llama el perro?

—George.

Se había puesto a olisquear por la habitación, pero al oírme pronunciar su nombre, regresó enseguida a mi lado con los ojos brillantes de impaciencia. Caí en la cuenta de que probablemente necesitaba salir a pasear.

Yo, en cambio, habría necesitado dormir un rato más para que la cabeza empezara a funcionarme y así poder pensar en lo que haría.

—¿Cómo es?

—Precioso —dije sin pensar—. Es el perro más bonito que hayas visto jamás, Jack. —George volvió a subir a la cama, y se puso a empujarme con el hocico y a lamerme la cara—. Oye, tengo que salir. El perro no me deja tranquilo. Hablamos más tarde. —Miré a Georges—. Vale, lo he pillado, ya sé que me pides un paseo —le dije al tiempo que intentaba apartarlo—. Bueno, si eso es lo que quieres, eso es lo que haremos. Y mientras tanto decidiremos qué hacer a continuación…

En ese momento no tenía ni idea, pero lo cierto es que acababa de tomar una decisión que cambiaría el rumbo de mi vida. Me disponía a levantarme de la cama por la mañana en lugar de hacerlo por la tarde e iba a sacar a pasear a George porque él lo necesitaba, a pesar de que en realidad era la última cosa que me apetecía hacer.

Eran más o menos las nueve y media cuando nos dirigimos a un parque cercano. El frío apretaba con ganas, pero el sol, todavía bajo sobre el horizonte, brillaba con intensidad. Tenía la cabeza embotada y me escocían los ojos. No recordaba la última vez que había salido del piso tan temprano. Al vernos andar por la acera, una mamá joven que empujaba un cochecito de bebé dio un rodeo para evitarnos. Me pregunté si debían de asustarle los perros como George, pero luego me di cuenta de que probablemente era yo el que daba más miedo de los dos. Tenía por costumbre dormir con la ropa puesta debido al frío que hacía en mi cuarto, y detestaba lavarme y afeitarme porque no disponía de agua caliente y la experiencia me resultaba verdaderamente desagradable. Con los años había perdido varios dientes, lo que no contribuía desde luego a mejorar mi aspecto. No me había mirado en un espejo desde hacía mucho tiempo, lo aborrecía. Por si eso fuera poco, no olía precisamente a rosas; tampoco George. No podía culpar a aquella mamá por apartarse de nuestro camino. Reconocí que el estado en el que me encontraba no era adecuado para mostrarme en público. Sin duda parecía incapaz de cuidar a un perro como George.

Igual que el día anterior, él empezó a tirar de la correa con fuerza y, cuando por fin llegamos al parque, yo tenía serias dificultades para mantenerme erguido. El tobillo derecho me dolía más que de costumbre, y me reprendí por no estar usando las muletas para andar, como solía hacer a menudo, de hecho cada vez que la artritis se me agravaba durante los meses de invierno. Sin embargo, las había dejado en la habitación porque no me imaginaba agarrado a ellas y sujetando la correa de George al mismo tiempo. En esa batalla, él tenía las de ganar.

George sacándome a pasear.

Había encontrado una pelota de tenis en el piso y decidí llevármela al parque. Solté la correa a George y lancé la pelota tan lejos como pude con la esperanza de que dejara de arrastrarme por todas partes durante un rato.

George salió disparado a buscarla y regresó al cabo de unos segundos, babeando y con la pelota agarrada con firmeza en la boca.

—¡Buen chico! ¡Suelta la pelota, George!

En el caso de Butch, el perro que tuve cuando era niño, eso era lo único que tenía que decir. «¡Suéltala!» era una orden que aprendió enseguida; la comprendía con facilidad y siempre obedecía. Pero George era distinto. Se negó a relajar la mandíbula, y se limitó a sentarse y a conservar la pelota como si su vida dependiera de ello. Nervioso, alargué el brazo y traté de quitársela de entre los dientes con la mano desnuda.

Esa fue la primera vez que intenté meterle los dedos en la boca a George y también la última. ¡Casi me los arranca!

—¡Eh! ¡Cuidado! —le dije después de retirar la mano con rapidez—. Los necesito.

George me miró y me pareció que alzaba la vista al cielo, como si fuera a soltarme: «No me digas». Reparé en que siempre me miraba a los ojos cuando le hablaba y reconocí lo descarado que podía llegar a ser. Le lancé la pelota de nuevo y en esa ocasión todavía me costó más arrebatársela de la boca. Gruñía y babeaba; era evidente que le gustaba ese juego que consistía en forcejear conmigo. Justo cuando creí tener la pelota bien agarrada, George gruñó de nuevo y la apresó entre los dientes con más fuerza todavía. Me libré en el último momento de llevarme un buen mordisco. Entonces fue cuando me di cuenta.

—¡Me cago en la leche! ¡Que no es ningún cachorro!

Esas fueron las palabras que me pasaron por la cabeza. Aquello iba en serio. Si ni yo mismo era capaz de disciplinarme, ¿cómo iba a poner a raya a un perro tan fornido como George? No tenía ningún tipo de experiencia con Staffordshire ni con cualquier otra raza parecida. El único chucho que había cuidado había sido Butch, un mestizo normal y corriente, y de eso hacía una eternidad.

La idea de quedarme a George me parecía una locura, una de las gordas. Sin embargo, tampoco podía decirse que yo tuviera mucho sentido común... En aquellos tiempos no, en cualquier caso.

2

Antes de que George entrara en mi piso y mi vida empezara a cambiar, yo era otro hombre. Llevaba tanto tiempo huyendo de mi pasado que casi había olvidado de dónde había salido. Crecí en un apartamento de un bloque de protección oficial llamado President House, frente al parque King Square, en Islington. Vivíamos en un tercer piso de un edificio de cinco plantas y, si me subía al sillón y miraba por la ventana, algo que hacía a menudo cuando era pequeño, podía ver la cúpula de la catedral de San Pablo, las tres torres del Barbican Centre y el edificio BP de la City de Londres.

Por aquel entonces no me interesaban los edificios, al menos no tanto como ahora. Si subía encima del sillón era para intentar ver a mi padre, Gerry, cuando regresaba del trabajo. Gerry era basurero. Se levantaba a las cuatro de la madrugada, salía antes de las cinco y trabajaba hasta mediodía vaciando los contenedores de Camden. Siempre volvía directamente a casa para cambiarse y luego acudía al pub The Bull de King Square, donde pasaba tres o cuatro horas bebiendo Guinness antes de retornar al hogar y dejarse caer en su viejo sillón orejero. Debía de beberse al menos doce pintas al día, pero nunca me pareció que estuviera borracho.

—¡No pienso ver esta mierda! —decía siempre antes de cambiar el canal de la tele, nada más entrar, fuera lo que fuese lo que yo estuviera viendo.

No tardé en acostumbrarme a su rutina y, en cuanto oía que metía la llave en el cerrojo, me levantaba de un brinco para cambiar de la BBC1 a la ITV o al revés, pues sabía que de todos modos me obligaría a cambiar el canal. Así conseguía ver lo que me interesaba. Siempre iba con mucho cuidado para que no me sorprendiera, porque mi padre, como la mayor parte de los hombres de su generación, era el rey de su gallinero. Si se enfadaba, llenaba el piso entero con sus gritos atronadores, que resonaban como los de un villano de cuento. Eso me producía un miedo atroz.

—En mi casa las reglas las pongo yo —solía decir Gerry—. Y si no te gusta, ya sabes dónde está la puerta de la calle —bramaba mientras la señalaba, aunque en realidad era necesario bajar tres tramos de escalera para salir de verdad a la calle.

Era un hombre fuerte y orgulloso con opiniones muy firmes acerca de casi cualquier tema. En casa a menudo bromeábamos diciendo que si no tenía una opinión formada sobre alguien o algo era porque esa persona no había nacido o ese algo todavía no se había inventado.

Yo contemplaba a mi padre como suelen hacerlo los hijos, con verdadera admiración. Le encantaba leer libros acerca de la guerra y a menudo me contaba historias sobre batallas y soldados. También tenía dotes artísticas y era capaz de pintar cualquier cosa con cualquier técnica, si se lo proponía. Su especialidad eran los retratos. Recuerdo que en una ocasión dibujó uno de nuestra reina que se le parecía tanto que todo el mundo lo animó para que lo mandara a Buckingham. No obstante, al final se lo regaló a un amigo al que le había gustado mucho. Gerry era así: siempre humilde y muy generoso con sus colegas. De hecho, si se celebraba una fiesta para el vecindario solía tener lugar en nuestro piso, y si un parroquiano del pub no tenía dónde pasar la noche, a menudo era mi padre quien se ofrecía para ayudarlo.

—¿Quién es el tipo que está durmiendo en el sofá? —preguntaba mi madre, Dot, a la mañana siguiente.

«Bosquejo de King Square, en Islington, Londres. ¡El lugar donde crecí!»

—El último que quedaba en el pub —respondía mi padre.

Mi madre comprendía a Gerry y jamás se quejaba; tenía un gran corazón y siempre estaba dispuesta a ayudar a quien fuera.

Cuando yo era niño se ganaba la vida limpiando despachos en la City. Empezaba a primera hora de la mañana, antes de que abrieran las oficinas, lo que significaba que desde las seis hasta las diez yo me quedaba en el apartamento de un vecino de rellano hasta que ella regresaba.

Por la tarde, Dot volvía a salir para limpiar los despachos cuando los oficinistas finalizaban la jornada, hasta las siete o las ocho, y regresaba a casa en autobús.

Apenas se quejaba, pero los largos días y el esfuerzo físico al que hubo de someterse durante esos tiempos debió de ser muy duro. El caso es que mis padres no disponían de mucho dinero y tenían que mantener a cinco hijos, por lo que no había elección: necesitábamos hasta el último penique.

Yo era el hijo menor y dos de mis hermanos, Malcolm y David, eran bastante mayores porque eran hijos de una relación anterior de Dot. Cuando nací, Malcolm tenía quince años y David diecisiete. Por lo poco que recuerdo, los dos eran unos chicos duros de pelar. Malcolm se convirtió en boxeador profesional y David acabó siendo el propietario del famoso Times Amateur Boxing Club a principios de los ochenta. El club era, y sigue siendo, el centro de una comunidad que ofrecía la oportunidad de hacer deporte a jóvenes de todo tipo. David lo convirtió en unas instalaciones de entrenamiento para disciplinas olímpicas.

Mis dos hermanas, Marilyn y Jackie, si bien eran más jóvenes que mis hermanos, me llevaban unos cuantos años. Cuando nací, Marilyn tenía dieciséis y era hija del primer matrimonio de mi padre. Apenas recuerdo haber visto a Marilyn por casa, puesto que casi siempre estaba con su madre. De hecho, no la veía como a una hermana y solía llamarla «tía Marilyn» cuando venía, algo que no sucedía muy a menudo. A Jackie, ocho años mayor que yo, la quería con locura. El primer recuerdo que tengo de ella es de cuando tuvo que ingresar en el hospital para que le extirparan las amígdalas. Yo, que debía de tener no más de cuatro años, me abracé a ella con todas mis fuerzas; no quería soltarla por nada del mundo.

Jackie adoraba a mamá y a papá, siempre se portaba bien y era muy cariñosa; los ayudaba con las tareas de la casa y se esforzaba mucho en la escuela. Además, se encargaba de cuidarme y me parecía fantástica.

No recuerdo que los cinco hijos hubiéramos vivido juntos bajo el mismo techo. Supongo que debido a que nos llevábamos diecisiete años con mi hermano mayor y al hecho de que Marilyn pasara tanto tiempo en casa de su madre, los cinco nos reunimos en contadas ocasiones. Los fines de semana y después de la escuela, Jackie salía con sus amigas mientras yo me quedaba en el apartamento con mi madre, mi padre o solo. Puesto que era el benjamín de la familia, Gerry y Dot me tenían más que mimado, sobre todo mi padre, que siempre me compraba cómics en el quiosco cuando volvía del pub. Por Navidad y cuando celebrábamos un cumpleaños, Gerry me llevaba a la tienda de juguetes Beatties que estaba en High Holborn y me dejaba sentado en el alféizar del escaparate para que pudiera aplastar la nariz contra la luna.

—¡Jo, papá! ¿Me compras la nave Tardis de *Doctor Who*? —gritaba yo lleno de entusiasmo mientras contemplaba el flamante juguete expuesto en un estante.

—Sí, hijo. Te lo compraré —decía Gerry.

Siempre respondía: «Sí, hijo», nunca decía: «No, no nos lo podemos permitir». Daba igual cuál fuera nuestra situación, yo tendría todo cuanto deseara. En una ocasión me compró un tanque de control remoto que costaba cien libras, que entonces era mucho dinero. Me maravillaba la manera que tenía de entrar en la tienda, poco a poco, y pedir en voz baja el juguete que yo había visto en el escaparate.

—Mira, John, me han dado justo el que tú querías —me decía una vez fuera.

Por aquel entonces yo ya sabía que la caja arrugada y descolorida probablemente significaba que le habían hecho algo de descuento. En cualquier caso, todos los juguetes que me compraba me parecían especiales.

Puesto que era el pequeño de la casa, siempre conseguía divertir a Dot y a Gerry con mis payasadas. Eran muy tolerantes y permitían que me expresara con libertad. Cuando mi madre volvía del supermercado solía llevarme al parque, donde había muchas señoras mayores tomando el sol en los bancos. Dot se sentaba a su lado hasta que alguna de ellas me preguntaba dónde estaba mi viejo.

—¡En casa, bebiendo como un cosaco! —decía yo entonces, imitando la voz de las ancianas y hablando de Gerry como si fuera mi marido.

—¿Y se porta bien... tu viejo? —preguntaba otra.

—Menudo cabrón está hecho —respondía yo con una sonrisa descarada. Siempre que actuaba de ese modo conseguía hacerlas reír.

Seguramente ese momento era el mejor del día para aquellas señoras, cuando oían a un niño pequeño como yo soltando palabrotas más propias de un tabernero de puerto.

Cuanto más se reían de mis barbaridades, más gordas las soltaba yo, hasta que al final Dot se me llevaba a rastras. Mientras nos alejábamos, seguíamos oyendo las carcajadas a nuestras espaldas. Dot también se partía de risa y, por mucho que me dijera que no le parecía bien que hablara de ese modo, yo sabía que disfrutaba. Mis padres eran así: no les importaba lo que hiciera siempre que no me pasara de la raya.

Me acostumbré a soltar tacos con tanta frecuencia que se convirtió en una conducta automática de la que no era consciente. Hoy en día, para llamar a George a menudo digo: «¡Ven aquí, cabrón!» cuando quiero que no se separe de mi lado por la calle. Lo digo con cariño y siempre de forma algo irónica. Normalmente él me mira con aburrimiento, como si pensara: «¿Es necesario que me hables así?». Y tendría razón, pero cuando te has pasado la vida entera soltando palabrotas como he hecho yo, ese lenguaje ha arraigado tanto en ti que acaba formando parte de tu carácter.

Los sábados íbamos con mi madre y con Jackie a Chapel Market, cerca de Angel. Es el mercadillo que aparece en la famosa serie de televisión *Only Fools and Horses*, un lugar bullicioso y siempre lleno de personajes curiosos como los que aparecen en ella. Siempre hacíamos lo mismo: mamá y Jackie entraban en Marks & Spencer, luego en Boots y después recorríamos todos los tenderetes. Al final, íbamos a comer un plato típico en Manze's, donde servían las mejores empanadas con puré de Londres. Un día en concreto, cuando yo tenía cinco años, empecé a pedir empanadas con puré nada más bajar del autobús.

—Mamá, mamá, quiero empanadas con puré.

—Todavía no, John.

—¡Quiero empanadas con puré ahora!

—Vale, John, iremos enseguida. Ten un poco de paciencia…

Comencé a levantar más y más la voz, y Jackie, que debía de tener unos trece años por aquel entonces, se moría de vergüenza.

—¡Mamá! ¡Que quiero empanadas con puré, joder! —grité, cada vez más alto.

Estaba histérico y me puse a tirar de las mangas a Dot mientras me negaba a seguir andando.

—¡Oye, vacaburra! ¡He dicho que quiero empanadas con puré, joder! ¡Ahora!

A esas alturas ya estaba pataleando como un loco y medio mercadillo se había dado la vuelta para mirarme.

Mi madre miró a su alrededor y susurró a Jackie:

—Finge que no está con nosotras. Simplemente lo dejaremos en el local de las empanadas. Ya iremos a buscarlo más tarde.

Una viejecita se me acercó para ver qué me ocurría.

—¿Qué te pasa, cielo? —me preguntó la anciana mientras lanzaba a mi madre una mirada de reprobación.

—Váyase a tomar por culo y no se meta donde no la llaman —le respondí.

Nada más oírlo, mi madre estalló en carcajadas y me llevó directamente al puesto de las empanadas tan rápido como pudo; tenía claro que no había otro modo de conseguir que me calmara y dejara de montarles el número.

Los domingos íbamos a ver a la abuela Ryan, la madre de Gerry, que residía en Shoreditch, no muy lejos de donde vivo ahora. Tenía un estornino enjaulado que se llamaba Jack y que había aprendido a imitar a sus viejas amigas y a algunos parientes que ya habían muerto.

La abuela Ryan me daba cincuenta peniques y, tras una visita que solía durar una hora larga, me despedía de ella para ir al rastro dominical de Brick Lane, en Bethnal Green Road. Era conocido sobre todo por los aparatos eléctricos que podían comprarse y que raramente funcionaban. Tenías suerte si al intentarlo no te electrocutabas o incendiabas la casa.

Una vez, una amiga de mi abuela compró allí un ave cantora, y luego se dio cuenta de que le faltaba la parte inferior del pico y era incapaz de entonar una sola nota. Se llevó la decepción en la consulta del veterinario al que lo llevó para ver qué le ocurría. Había un montón de historias parecidas. Lo normal era que te ocurriera algo por el estilo si te arriesgabas a gastarte el dinero en ese tipo de mercadillos, aunque eso no impedía que la gente acudiera igualmente a disfrutar del bullicio con la esperanza de encontrar una ganga. Siempre estaba abarrotado, y recuerdo haber visto skinheads, con sus Crombies y sus Doc Martens, vendiendo periódicos del Frente Nacional en la intersección de Brick Lane con Bethnal Green Road frente a un cordón policial.

El sitio me encantaba, sobre todo porque siempre me zampaba un dulce de manzana frita antes de ir a Sclater Street a comprar cómics de segunda mano. Buscaba viejas historietas de Marvel y DC, de Batman, Superman y los demás, aunque lo único que me interesaba por aquel entonces eran sus dibujos.

Cuando volvíamos del mercadillo me pasaba varias horas sentado en mi habitación con un lápiz y una hoja de papel, intentando copiar los personajes, plasmar las vigorosas líneas que definían las expresiones de los rostros y el movimiento de los músculos. Los degradados me parecían especialmente importantes, por lo que me fijaba en cada detalle, procuraba equilibrar las sombras de mis dibujos y ponía todo mi empeño en que la imagen que creaba se pareciera tanto como fuera posible a la del cómic. Si me equivocaba, no me molestaba en usar la goma de borrar, prefería empezar un dibujo nuevo, de modo que mi habitación acababa repleta de hojas de papel arrugadas. No paraba hasta que conseguía imitar hasta el último trazo de cada viñeta y descubría las técnicas que sus creadores utilizaban. Mientras dibujaba, no me importaba nada más.

3

Yo no tenía más de cinco años cuando Jackie empezó a acompañar a mi madre por las tardes para ayudarla a limpiar oficinas en Fleet Street y Tottenham Court Road. Eso significaba que mi padre y yo nos quedábamos solos en casa. Nueve de cada diez veces él se dormía en el sillón, y yo solía dedicarme a leer cómics, a dibujar o a mirar la tele. Sin embargo, como Gerry se quedaba frito durante horas —después de haber trasegado unas cuantas pintas por la tarde—, me aburría enseguida.

El piso no era un lugar especialmente interesante para un chico solo como yo. Para pasar el rato, cuando no estaba dibujando, solía contemplar mi reflejo en las baldosas de espejo que rodeaban la chimenea y estudiaba con detenimiento los números del gran reloj de péndulo con caja de caoba que Dot había comprado por catálogo y había colocado sobre la repisa. Pero eso tampoco es que fuera muy interesante, menos aún con la de cosas que sucedían al otro lado de la puerta de casa y que despertaban en mí una curiosidad tremenda.

Una tarde decidí salir a dar una vuelta. Para asegurarme de que no despertaba a Gerry le tapé los oídos con unos cojines y acerqué una silla hasta la puerta, abrí el pestillo y me escabullí con el máximo sigilo del que fui capaz. Estuve merodeando por el pasillo que había frente a la puerta durante un rato, hasta que reuní el coraje necesario para alejarme un poco más y bajar por la escalera de la comunidad. Resultó que un chico llamado David, que vivía en Turnpike House y era algo mayor que yo, también se había escapado de su viejo esa misma tarde. Me topé con él justo delante del bajante de las basuras, un par de pisos por debajo del nuestro. Los dos sonreímos nada más vernos.

—¡Qué bien, John! —dijo David levantando demasiado la voz. Luego, con un tono algo furtivo, me preguntó si me apetecía bajar al aparcamiento comunitario.

—Buena idea —respondí en un susurro.

Bajamos la escalera a toda prisa, dándonos puñetazos en los hombros y conteniendo las carcajadas.

El aparcamiento era para los vecinos de la finca, pero además servía para muchas cosas más. Los adolescentes se llevaban a las novias allí para darse el lote y pegar un polvo furtivo, mientras que los chicos que esnifaban cola elegían los rincones oscuros para apalancarse y dedicarse gruñidos propios de orangutanes, y es que iban tan pasados que apenas podían hablar. La policía sabía lo que ocurría en el aparcamiento, por eso se presentaba por allí de vez en cuando. Los que esnifaban cola salían corriendo en todas direcciones, pero los polis siempre pillaban a uno u otro y los llevaban a las respectivas casas a rastras, donde los avergonzaban frente a los padres con las bolsas vacías de patatas fritas que apestaban a cola como prueba del delito cometido.

Los estudiantes del campus universitario cercano asaltaban el aparcamiento a final de curso y robaban coches para regresar a casa por vacaciones. Los vecinos de nuestra finca a menudo bajaban para ir a buscar el coche y no encontraban más que una mancha de aceite en el suelo del lugar en el que lo habían dejado aparcado el día anterior.

Esa tarde en concreto, nada más bajar al aparcamiento, David fue directo hacia una fila de automóviles relucientes y se fijó en especial en un Ford Cortina rojo con detalles cromados. Yo todavía no lo sabía, pero David se había propuesto prenderle fuego. No me preguntéis por qué, puesto que por más que lo intento no consigo recordarlo, pero no puse ningún reparo cuando David sacó la caja de cerillas, me miró y me dijo que recogiera unos cuantos periódicos y algo de basura de los cubos. Creí que nos echaríamos unas risas. Supongo que éramos demasiado jóvenes o demasiado estúpidos para pensar en cuál podría ser el resultado.

Metimos periódicos arrugados y basura bajo el Cortina, nos apartamos un poco y David susurró:

—Vamos a prenderle fuego.

Yo encendí una cerilla y la acerqué al papel. Al principio no pasó nada, por lo que encendí unas cuantas hojas más y las fui tirando bajo el coche. Justo entonces, cuando las primeras llamas empezaron a arder bajo el vehículo, se detuvo frente a nosotros un coche patrulla del que bajaron dos polis enormes.

—¡Eh, vosotros dos! —dijo uno de ellos—. ¿A qué estáis jugando? ¿Habéis encendido vosotros ese fuego?

David y yo nos quedamos de piedra. Era la primera vez que me metía en problemas de verdad y, aunque estaba acostumbrado a ver a la policía por el barrio, nunca había pensado que pudiera venir a por mí. Estaba absolutamente aterrorizado. Antes de que pudiéramos reaccionar, los agentes apagaron las llamas y nos metieron en la parte posterior de la lechera.

—Os llevaremos a casa —nos dijeron.

Sin embargo, mientras nos dirigíamos hacia la salida, David les soltó que no era necesario que saliéramos de la finca, puesto que nuestros pisos estaban justo encima del aparcamiento. Demostró una seguridad mayor que la mía, y no me pareció ni mucho menos tan asustado como yo, que me quedé allí sentado, con los ojos bien cerrados, pensando en lo que dirían y harían mis padres cuando lo supieran. De hecho, David empezó a reírse en la parte trasera del coche.

—¿De qué te ríes? —le preguntó uno de los policías, que se había dado la vuelta para mirarlo.

—De él —respondió David mientras me señalaba—. Se ha cagado encima.

—Oh no, no me digas. ¿De verdad? —exclamó el poli mientras se inclinaba sobre mí para olerme—. Joder, es cierto. ¡Ya te vale, chaval!

Cuando me di cuenta, ya estaba en el ascensor de President House, con la sensación de que me estaban llevando a la cárcel en lugar de devolverme a casa.

Gerry se puso furioso cuando lo despertaron los dos policías llamando a la puerta. Yo no debería haber salido a esas horas de la tarde, por no hablar ya de haber prendido fuego a un coche. Para acabar de rematarlo, apestaba a mierda y no paraba de temblar.

—¡Pequeño cabrón! —gruñó Gerry cuando la «escoria», que es como solía llamar a la policía, se hubo marchado de casa—. ¡Espera a que tu madre se entere de esto, pequeño cabrón!

Me metió en el baño y empezó a frotarme el cuerpo con la escobilla del váter sin dejar de gritarme y de insultarme. Yo tenía la esperanza de que mamá se mostrara más comprensiva, pero una vez hubo regresado y mi padre le hubo contado lo que yo había hecho, me pegó un buen guantazo.

Las consecuencias duraron al menos una semana. Los gritos y los insultos se prolongaban durante todo el día hasta que me acostaba y empezaban de nuevo en cuanto me levantaba a la mañana siguiente. Cuando me encerraba en mi cuarto para dibujar, oía cómo Gerry y Dot se quejaban a Malcolm, David y Jackie de que me estaba convirtiendo en un mocoso de aúpa. Mis hermanos y mi hermana me defendieron, como siempre, pero por desgracia no tardé en decepcionarlos a todos otra vez.

Más o menos una semana después de mi primer roce con la ley, estaba aburrido como una ostra de nuevo y decidí que era el momento de dar otra vuelta por los pisos. Pensé que si no me alejaba mucho ni cometía ninguna otra estupidez, no pasaría nada. Gerry se había echado entre pecho y espalda unas cuantas pintas de sidra después de pasar por el pub y no tardó en quedarse frito, roncando más fuerte que nunca. Pasé por su lado de puntillas, abrí la puerta con un chirrido, cerré el pestillo para que quedara abierta y así poder volver a entrar más tarde y me escapé en dirección a la azotea. Durante un rato estuve merodeando por los pasillos y por la escalera sin rumbo fijo mientras me preguntaba qué hacer a continuación, y entonces me topé con dos chicos mayores que yo: Terry y Derek. Debían de tener trece o catorce años, llevaban las típicas camisetas desgarradas de los *punks* de la época y eran unos verdaderos fanfarrones. No cabe duda de que me impresionaron.

—¿Qué haces aquí fuera a estas horas, John? —me preguntó Terry.

—Mi padre está durmiendo la mona —dije, sintiéndome realmente mayor de repente—. He salido a dar un paseo, nada más. He dejado la puerta abierta con el pestillo puesto.

Los dos chicos intercambiaron una mirada rápidamente.

—Bueno, pues lo mejor será que te acompañemos a casa, ¿no? —propuso Derek, quien insistió de nuevo en escoltarme hasta el piso. Eso me asustó. Tras la última ocasión, me preocupaba que a Gerry se le pasara la borrachera de golpe si se enteraba de que había estado merodeando por el edificio otra vez.

—No le contéis a mi viejo que me habéis visto por aquí, ¿vale? —dije.

—No, claro que no, John. Solo nos aseguraremos de que vuelves a casa sano y salvo. No te preocupes.

Empujaron la puerta del apartamento y entraron conmigo. Gerry seguía durmiendo como un tronco, pero en lugar de limitarse a dejarme allí y marcharse, uno de ellos empezó a rebuscar por el mueble bar del salón y afanó una botella de ginebra Gordon's mientras el otro se arrodillaba junto a mi padre y le sustraía furtivamente la cartera del bolsillo de los pantalones. Yo me limité a quedarme en silencio en un rincón de la sala, incapaz de hacer nada. Quería gritar y despertar a Gerry para avisarle de lo que estaba ocurriendo, pero eso me habría delatado.

No se quedaron más de dos minutos en el piso, pero cuando estaban a punto de marcharse uno de ellos chocó contra la cómoda y las copas que había dentro tintinearon de forma audible. Entonces fue cuando Gerry se despertó. Abrió los ojos, vio a los dos chicos y se levantó de golpe del sillón para agarrar al que le quedaba más cerca. Cogió a Terry por una manga, lo justo para retenerlo mientras Derek conseguía escapar sin mirar atrás. Cuando tuvo a Terry bien sujeto, no dijo nada; se limitó a mirarlo de arriba abajo, le dio un puñetazo en toda la boca y luego sí, lo mandó a tomar por culo. Un pajarito me dijo que unos días más tarde mi hermano Malcolm se topó con Derek y repitió el trato que papá había dado a Terry. No hubo represalias de los padres de Terry y de Derek; a los muchachos se los trataba de ese modo, en esos tiempos. Si hacías algo malo, recibías tu castigo y no había lugar para las quejas.

Por supuesto, volví a tener pelotera en casa, pero al menos esa vez no me las cargué solo yo, porque los otros dos chicos estaban en una situación mucho peor que la mía. Sin embargo, Gerry no aflojó, y se pasó la noche gritándome y diciéndome que era de idiotas juntarse con chavales de esa calaña. Intenté explicarle que las cosas no habían ido de ese modo, pero no quiso saber nada. Cuando pienso en ello me doy cuenta de que Gerry pasó a tratarme de manera diferente desde ese momento. Aunque yo todavía era pequeño, supongo que llegó a la conclusión de que no podría confiar plenamente en mí nunca más.

Empecé a ir a la Morland Primary School más o menos durante esa época. Quedaba justo delante de la fábrica de ginebra Gordon's de Goswell Road, al otro lado de la calle en la que estaba nuestro edificio. Cuando Dot lavaba los platos en la cocina podía ver el patio de la escuela, lo que más adelante pasó a tener sus pros y sus contras. Fui un chico regordete gracias a todas las bolsas de patatas fritas y a los dulces que me permitían comer, así como al hecho de que pasara tanto tiempo en casa encerrado en mi cuarto dibujando o apoltronado frente a la tele. Nunca había reparado en ello, pero el peso empezó a ser un problema cuando entré en la escuela. Mi madre y Jackie eran delgadas, pero Gerry era un hombre relleno y unos cuantos miembros más de mi familia tenían una constitución física que en el mejor de los casos se calificaría de «fornida». Desde el principio se vio que yo pertenecía al grupo de los grandotes, y en casa eso nunca me preocupó ni me hizo sentir como un bicho raro.... hasta ese momento. Comparado con el resto de los niños de cinco y seis años de talla normal de mi clase, yo era enorme, por lo que empecé a tomar consciencia de mi peso. Cuando volvía de la escuela, preguntaba a mi madre si me veía gordo, pero ella se limitaba a reír y, con cierto orgullo, me decía que «estaba creciendo».

No obstante, mis compañeros no tardaron en encontrar otras maneras de describirme. Empezaron a conocerme como «el gordo de la clase», o me llamaban Billy Bunter o Fatty Arbuckle, actores cómicos que se caracterizaban por ser obesos. También se referían a mí como Giant Haystacks y Big Daddy, nombres que seguían revoloteando dentro de mi cabeza siempre que veía los combates de lucha libre los sábados por la mañana.

Esa forma de acoso pronto tomó una dimensión tan cruel que me llevó a odiar la escuela. Además, en clase de gimnasia lo pasaba fatal porque sufría de asma. Me quedaba sin aliento al cabo de dos minutos de estar haciendo ejercicio y sacaba el hígado por la boca tosiendo como uno de esos viejos que fuman dos paquetes de pitillos al día. A pesar de que el acoso que sufría me mortificaba, no se lo conté a nadie, ni en la escuela ni en casa. En la década de 1970 no había el asesoramiento psicológico ni la guía espiritual con los que cuentan los niños de hoy en día; te limitabas a aguantar y punto.

Es evidente que Dot era consciente de mi corpulencia y de

lo mucho que eso me preocupaba, pero de todos modos siguió permitiéndome que comiera lo que me apetecía cuando me apetecía. Siempre me daba diez peniques para que pudiera picar algo a media tarde, una bolsa de patatas fritas o chucherías, aunque acabara de zamparme a mediodía un plato enorme de chuletas con puré y varios postres de natillas.

Creo que uno de los motivos que explica esa conducta es que tanto mi padre como mi madre nacieron durante la guerra, concretamente en 1939, con apenas unos meses de diferencia. Recordaban los días de racionamiento y, como muchas otras personas de su generación, creían que lo mejor que podían hacer era obsequiar a los niños con golosinas siempre que podían. En su época la gente no se ponía a dieta, y apuesto a que Dot creía que la grasa de mi barriga se recolocaría de forma natural en cuanto me hiciera mayor y creciera.

—No te preocupes, no es más que un niño. Todo eso son reservas para ir creciendo.

Esa frase la oí un montón de veces durante ese período de mi vida. Es lo que mis padres se decían siempre en casa. Qué lástima que no fuera verdad.

Después de la escuela, empecé a dedicar cada vez más tiempo a explorar el barrio. Los personajes y las situaciones que encontraba en Turnpike House me fascinaban del mismo modo que me parecía educativo pasear por el parque King Square y por las calles que había alrededor de los edificios. Por aquel entonces, los padres dejaban salir solos a los niños mucho más que ahora. No había el mismo nivel de preocupación que hay hoy en día respecto a los desconocidos; simplemente tendíamos a reírnos de las rarezas en lugar de amedrentarnos, y había suficientes tipos raros para distraerse durante un buen rato.

Si rondabas las calles a última hora de la tarde, tenías muchas probabilidades de encontrarte con la vieja Nelly saliendo del pub, cantando a grito pelado viejas baladas de guerra y grandes éxitos de obras musicales. Nelly era una vieja solterona; le gustaban los hombres, pero beber le gustaba aún más.

—*It's a long way to Tipperary...* —vociferaba—. *It's a long way to go...*

Luego, de repente, sus cantos quedaban apagados por el ruido de cristales rotos cuando alguno de los vecinos le lanzaba cascos de vino desde el balcón.

—¡Eh, cállate de una vez! ¡Ahí va eso! —se oía, justo antes de que la botella impactara en el suelo con un gran estruendo. Por algún motivo, siempre estaban llenas de sales de baño de colores y Nelly conseguía esquivarlas todas de puro milagro.

—*Goodbye, Piccadilly, farewell, Leicester Square...*

¡CRASH!

—*It's a long, long way to Tipperary.*

¡CRASH!

—*But my heart's right there!*

¡CRASH! ¡CRASH! ¡CRASH!

El viejo Joe Curran también formaba parte del paisaje. Era un anciano judío que iba contando a todo el mundo que había participado como marinero en una famosa batalla de la Segunda Guerra Mundial, aunque nunca concretaba en cuál. Se paseaba en una bicicleta muy elegante y, en ocasiones, normalmente cuando se acercaban elecciones, era fácil encontrarlo en la avenida principal de Goswell Road con un altavoz y una pancarta con consignas políticas, gritando.

—¡Votad a los laboristas! —vociferaba una semana. A la siguiente cambiaba por completo de bando y animaba a la gente a votar al Frente Nacional o lanzaba vítores en favor de Margaret Thatcher.

También hacía referencias aleatorias a sucesos de la actualidad del país. Recuerdo que en una ocasión se puso a dar la matraca acerca de los disturbios del Notting Hill Carnival y, al cabo de un momento, soltó una perorata sobre la dimisión de Harold Wilson, como si formaran parte de la misma historia. Nunca acabé de estar seguro de si hubo alguna relación entre una cosa y la otra, pero a juzgar por las miradas que le dedicaba la gente mayor no creo que tuviera demasiado sentido.

Además, el viejo Joe era famoso por otras excentricidades. Saqueaba los cubos de basura y luego te calentaba la oreja acerca de las maravillas que había encontrado. Podía ser un disco de vinilo rayado de los Sex Pistols que afirmaba poder arreglar o una batidora averiada con cuyas piezas pensaba reparar media docena de chismes más.

Joe tenía varios perros y se pasaba el tiempo hablando de ellos. Dios sabe dónde los encontraba, casi siempre eran chuchos jóvenes, mestizos extraviados, pero cuando llegaban a cierta edad se cansaba de ellos y se los quitaba de encima como si se tratara de trastos inútiles que hubiera encontrado entre la basura. Subía al autobús o al tren con el perro para ir a Wanstead, a las afueras de East London, le soltaba la correa y lo dejaba allí. ¿Por qué en Wanstead? No lo sé. Supongo que porque estaba a unos cuarenta kilómetros de casa y porque lo hacía con la esperanza de que el animal no supiera encontrar el camino de vuelta. Si de forma milagrosa conseguía regresar a nuestro barrio, entre los niños se rumoreaba que el viejo Joe lo acabaría matando. Realmente era horrible, ahora que lo pienso. Siempre me gustaron los perros que se veían por mi zona, y la historia de Joe Curran me inquietaba muchísimo. No conseguía entender por qué lo hacía, sobre todo porque la mayor parte del tiempo parecía un tipo de lo más inofensivo.

Le cogí mucho cariño a un dogo negro llamado Max que era toda una leyenda en Islington. No sé si tenía dueño, pero siempre lo veías corriendo de un lado a otro, subiendo y bajando escaleras y vagando por el parque seguido por varios chicos de la vecindad. Era un perro vivaracho, precioso, pero

La vieja Nelly dando una de sus serenatas bajo una lluvia de botellas.

solía ir acompañado por otro canijo y hecho polvo, un mestizo de color marrón y blanco que se llamaba Whiskey y que no era ni mucho menos tan popular. Nadie le prestaba atención, y algunos niños disfrutaban dándole patadas en el trasero para ahuyentarlo, lo que acabó convirtiéndolo en un chucho asustadizo. A mí me inspiraba compasión y siempre que podía me preocupaba por él, lo recibía con un abrazo y le acariciaba la cabeza como ahora hago con George. Un día, Max y Whiskey fueron atropellados por unos coches que pasaban a toda pastilla por una calle cercana a Old Street, y cuando me enteré me quedé destrozado. Lo había pasado bien jugando con esos perros. No sé si le di lástima a Gerry o si simplemente le di mucho la lata, pero el caso es que no tardó en traer a casa un pequeño mestizo negro llamado Butch.

Yo tenía casi diez años, y enseguida se convirtió en mi perro, porque era yo quien se encargaba de sacarlo a pasear y de jugar con él. No tardé en enseñarle algunas cosas: a sentarse, a acudir cuando lo llamaba, a echarse... lo básico, nada más, pero fue divertido de todos modos. En cualquier caso, Butch era muy gracioso. Para empezar, no era un perro «machote», a pesar de su nombre, por lo que imagino que quien lo bautizó así debió de hacerlo en broma. Era un chucho pequeño, delicado y muy asustadizo, aunque si le mostrabas el puño cerrado por debajo del hocico enseñaba los dientes y gruñía. Me encantaba dar vueltas con Butch. Durante los fines de semana y las vacaciones de verano solía levantarme muy temprano, cogía algo para desayunar y me pasaba la mañana entera paseando con él por la Square Mile o por todo Barbican, que por aquel entonces todavía era un lugar muy nuevo. Era un perrito precioso, y la gente siempre se nos acercaba para acariciarlo y decirnos lo bonito que era. Cuando salía con Butch, nunca pensaba en nada que no fuera hacia dónde dirigiríamos nuestros pasos. El acoso que sufría en la escuela, las preocupaciones por mi sobrepeso o el último problema que hubiera tenido con mi madre o mi padre desaparecían de mi cabeza. De repente, el mundo me pertenecía y todo me parecía idílico. Así es como me sentía cuando era niño y salía a pasear con mi perro.

4

Cuando yo era pequeño, todo era mucho más simple; más plácido. Lástima que tuviera que ir a la escuela. No hay duda de que éramos pobres y vivíamos en un enorme bloque de protección oficial, pero cuando brillaba el sol realmente no había nada mejor. En esos tiempos, me encantaba cuando el camión de feria del ayuntamiento se acercaba a nuestro edificio. Conducido por dos señoras mayores, el camión aparcaba sobre el césped de King Square y los niños de todo el vecindario nos apiñábamos a su alrededor como moscardones. Las dos mujeres descubrían los dos lados del vehículo y dejaban a la vista las sogas para trepar y las piezas de plástico asidas a los costados del mismo, de manera que parecía un rompecabezas infantil enorme. Junto al camión ponían un colchón hinchable tan grande que costaba lo suyo montarse en él. Era como un autobús de dos pisos y tenías que ser un chico duro para que no te echaran de él, pero cuando lo conseguías podías saltar muy, muy arriba. Nunca venían ferias de atracciones ambulantes a nuestro barrio, pero tampoco las necesitábamos. Esa era nuestra propia versión de un castillo hinchable como es debido.

Cuando aparecía el camión de feria, no tardaba en oírse a lo lejos también la campana de la camioneta de helados. A medida que se acercaba, todos los chicos salían corriendo del camión para intentar conseguir que sus madres los obsequiaran con diez peniques; otros niños levantaban la mirada hacia los bloques de pisos de Turnpike House o de President House y gritaban en dirección a diferentes ventanas con el mismo objetivo.

Yo no era una excepción y en una ocasión le pedí algo de dinero para comprarme uno de esos helados cremosos a mi hermano David, que estaba tomando el sol en el césped.

—Quien pide no consigue y quien no pide no quiere —me contestó.

Yo me quedé de piedra, confundido, intentando descifrar lo que acababa de responderme. Ni que decir tiene que ese día me quedé sin helado; permanecí sentado en un banco viendo cómo el resto de los niños se ponían las botas, rascándome la cabeza, dando vueltas a las palabras de David.

Otros días los críos jugábamos a soldados. Alguien tenía la llave del cobertizo de las bicis de una de las fincas y, una vez allí, jugábamos a que uno de nosotros era el sargento, mientras los otros dos marchaban y acataban sus órdenes alrededor del cobertizo. También nos sentábamos junto a un transistor a escuchar y cantar nuestras canciones favoritas, como «Video Killed the Radio Star», de los Buggles.

Por sesenta peniques, en la tienda de dulces podías comprar un billete de Red Rover que te permitía viajar en cualquier autobús tantas veces como quisieras durante un día entero. Subíamos a la parte posterior del viejo Routemaster de dos pisos y recorríamos un montón de kilómetros antes de bajar y montarnos nuestra propia ruta por Londres, para visitar lugares como el London Dungeon, el HMS Belfast y el Royal Festival Hall junto al río Támesis.

Si nos habíamos pulido ya el dinero que llevábamos, nos poníamos a jugar a Tin-Can Tommy, un juego a medio camino entre el escondite y el pilla-pilla. A menudo me costaba seguir el ritmo a los demás chicos porque enseguida me quedaba sin aliento debido al sobrepeso y al asma. Y es que a pesar de lo mucho que corría por aquel entonces, seguía teniendo michelines en la barriga y una papada considerable. A los nueve años superaba los ochenta kilos, un peso alarmante si tenemos en cuenta que medía solo un metro veinte. Aunque tampoco es que yo pusiera mucho de mi parte para evitarlo; cuanto más me acosaban en la escuela, más engordaba porque me consolaba comiendo patatas fritas, chucherías, helados y todo lo que se me pusiera a tiro. Un día que fingí estar enfermo para librarme de las clases, oí barullo fuera y me acerqué a la ventana del piso para ver qué ocurría. Había un equipo de grabación en la azotea de Turnpike House, rodando el vídeo para el «Another Brick in the Wall» de Pink Floyd. Me senté a ver cómo lo filmaban hasta el final y tuve la sensación de haber participado en él. Imaginé que era la gran estrella de un rodaje de Hollywood. Por supuesto, desde entonces he visto ese vídeo muchas veces por la tele y su significado me conmueve en cada ocasión. Yo era uno de esos chicos sobre los que cantaba Roger Waters: el colegio era mi muro.

Echando la vista atrás y viendo cómo me ha ido en la vida, supongo que podría decirse que no estaba hecho para la escuela. Las mates y la lengua se me daban fatal, mientras que geografía e historia me mataban de aburrimiento. Solo en una asignatura demostré aptitudes: en la de arte. Era la única clase que comprendía sin que el maestro tuviera que explicarme las cosas una y otra vez. La seguía de forma natural y tenía la sensación de saber dibujar de un modo instintivo. Como es evidente, me había ayudado el hecho de llevar tanto tiempo copiando cómics, pero de todos modos me di cuenta de que dibujar formas e imágenes era algo que podía hacer sin necesidad de pensar. Solía pasar el rato garabateando durante las clases más aburridas y siempre llevaba un lápiz o un rotulador encima para esbozar lo que fuera en cualquier momento, desde la cara de alguien o un retrato rápido de Butch hasta cualquier otra cosa que hubiera visto ese día y me hubiera llamado la atención.

A lo largo de ese curso, mi hermano David se percató de lo mucho que me preocupaba mi aspecto. Me sorprendió mirándome en el espejo y escondiendo la barriga para intentar parecer más delgado. En ese momento no me dijo nada, pero un día vino a recogerme después de clase. Antes de que yo pudiera abrir la boca, se acercó para hablar conmigo.

—Sé que te hacen la vida imposible, John, y sé que debe de ser muy duro para ti. Te voy a llevar a mi club para que aprendas a boxear.

Me aseguró que eso me ayudaría a enfrentarme a los matones que me acosaban, que en cuanto supieran que practicaba el boxeo dejarían de molestarme tanto. Casi me echo a llorar; me sentí muy afortunado de que mi hermano mayor se preocupara tanto por mí.

No obstante, todavía recuerdo el temor que experimenté cuando entré en el club por primera vez. Todo me pareció muy amplio y desabrigado bajo la luz de aquellos focos tan potentes. El ring de boxeo estaba en el medio de la sala y dentro había dos tipos enormes lanzándose puñetazos. Lo otro que recuerdo son los sonidos: el ruido sordo y seco de los golpes. David me dio unos pantalones cortos y una camiseta antes de someterme a un duro calentamiento en el que tuve que esquivar, correr, saltar y hacer sentadillas. Era consciente de que lo estaba poniendo en evidencia con aquella barriga llena de grasa que escapaba a la camiseta de vez en cuando, pero poco a poco le fui cogiendo el tranquillo, y pasado un tiempo empecé golpeando un saco blando, luego otro más duro, hasta que aprendí a mover los pies. Era un chico resistente, y aunque no hacía más que jadear y resollar, aguanté el tipo. David me había contado lo importante que era el juego de pies y me concentré mucho, escuché con atención todas y cada una de las palabras que me dijo el entrenador.

—¡Eso es, chaval! ¡Estás bailando con los puños! ¡Vuelas como una mariposa!

Boxeando de jovencito.

Eso me animó de verdad. Después de acudir al gimnasio dos veces por semana durante un mes estuve preparado para subir al ring. Me emparejaron con chicos cuatro o cinco años mayores que yo, porque lo que contaba era el peso y no la edad, y solo los adolescentes llegaban a los ochenta y pico kilos que yo pesaba. Yo aguantaba lo mío y con cada combate notaba que la seguridad que había empezado a sentir iba en aumento. Poco después empecé a soñar con la posibilidad de entrar en el patio de la escuela con el aspecto de Sylvester Stallone en *Rocky*, moliendo a palos a todos los chavales que me habían hecho la vida imposible en alguna ocasión. Con solo imaginarlo ya me sentía mejor. Había tenido que aguantar el acoso durante demasiado tiempo, pero tenía la sensación de que por fin lo dejaba atrás; me sentía esperanzado.

5

Los entrenamientos en el gimnasio y las travesuras por el barrio continúan siendo algunos de los mejores recuerdos que conservo. La vida seguía cierta rutina plácida, y tenía la impresión de que todo iba bien. Estaba mejorando bastante con el boxeo, mi juego de pies era cada vez mejor y me di cuenta de que empezaba a perder peso. Cuando Dot vio que la ropa ya no me quedaba bien se limitó a sonreír como si ya lo hubiera estado esperando. No le importó lo más mínimo tener que ajustarme los pantalones de la escuela después de sus largos turnos de limpieza. Supongo que yo fui el que más se sorprendió con mi propia transformación. Sabía que David estaba orgulloso y muy pendiente de mí. Incluso Gerry, que normalmente se mostraba de lo más reservado, se acostumbró a llamarme «campeón».

—Hijo, tengo que contarte algo —me dijo mi padre un día.

El tono de su voz era tan formal que inmediatamente supe que no sería una conversación cualquiera sobre boxeo, sobre mis cómics o sobre alguna diablura que Butch hubiera hecho en casa. Tampoco me pareció que estuviera a punto de regañarme; entendí enseguida que se trataba de algo mucho más importante, aunque no podía prever que fuera a serlo tanto ni hasta qué extremo iban a cambiarme la vida las palabras que estaba a punto de pronunciar.

Me lo había encontrado saliendo del pub mientras volvía de la escuela y me acompañó al quiosco de la esquina como muchas otras veces para comprarme un cómic. En esas ocasiones solíamos sentarnos en el suelo del salón y él elegía la ilustración que quería que copiase. Nunca me decía nada mientras dibujaba. Para él era suficiente ver que yo había heredado parte de su talento para el arte.

Mientras nos dirigíamos hacia el quiosco solía preguntarme qué cómic pensaba comprarme. En esa época estaba enganchado a los de *Juez Dredd*, por lo que tenía preparada la respuesta. Ese día, no obstante, se mostró más callado que de costumbre y dejó que ese «tengo que contarte algo» quedara flotando en el aire durante un rato.

—¿Qué es, papá? ¿De qué se trata? ¿Qué quieres contarme? —le pregunté mientras caminaba a su lado, incapaz de contener la curiosidad.

—Lo siento, hijo, he cometido un error. Eres demasiado joven para comprenderlo, te lo explicaré cuando seas mayor —dijo en un intento de retractarse.

Yo era boxeador, un verdadero luchador. Lo suficientemente grande en edad y corpulencia para encajar cualquier golpe en la barbilla.

—¡Vamos, papá! ¿Qué es? ¿No puedes contármelo ahora? Por favor, papá. ¡No es justo!

Él negó con la cabeza y dirigió la mirada al suelo.

—No, hijo, cuando seas mayor —dijo con más firmeza, con más determinación—. Cuando seas mayor —repitió poniendo un énfasis especial en cada palabra—. Te lo explicaré cuando seas mayor, ¿de acuerdo?

Yo no estaba de acuerdo, por supuesto. Le di la lata todo el rato hasta que llegamos al bloque, subimos la escalera y recorrimos el pasillo que llevaba hasta nuestro apartamento.

—¡Vamos, papá, por favor! Papá… papá… ¡por favor! Cuéntamelo de una puta vez.

Al oír aquello, se detuvo y se volvió para mirarme. En ese momento pensé que me había metido en problemas de verdad, pero mientras introducía la llave en la cerradura me habló de nuevo con cariño:

—De acuerdo, hijo. Te lo contaré.

Tuve que esperar hasta que hubimos entrado en casa. Saludamos a mi madre con un grito dirigido hacia la cocina mientras pasábamos por el salón camino del dormitorio. Empujó la puerta para abrirla y me pidió que me sentara a su lado en la cama. Luego se quitó la gorra, me pasó el brazo por encima del hombro y me dio un leve apretón. Nunca hacía ese tipo de cosas; jamás demostraba lo que sentía ni tenía gestos afectuosos con la gente. Noté que el corazón empezaba a latirme cada vez más rápido. Intenté controlar la respiración porque ya me había dado cuenta de que las noticias no iban a ser nada buenas y necesitaba ponerme en guardia. Mi padre respiró hondo y me soltó el temido golpe.

—Hijo, mira... Tú me llamas papá y a tu madre la llamas mamá, ¿verdad? Bueno, pues... no es fácil decir esto, pero nosotros no somos ni tu padre ni tu madre, en realidad. Lo que quiero decir es que somos tus abuelos. ¿Comprendes lo que intento explicarte, John?

El tiempo se detuvo de repente. Lo único que podía hacer era mirarlo a los ojos, esforzándome para no pestañear siquiera. Quería demostrar que no tenía miedo, pero no pude evitar que los ojos se me llenaran de lágrimas. Notaba los latidos del corazón en las sienes. ¿Por qué Gerry se estaba inventando todo eso? ¿Qué le había hecho para que me contara esa historia? ¿Cómo podía afirmar que no era mi padre?

—No es verdad —dije tras lo que parecieron varias horas—. ¡Estás mintiendo! No puede ser cierto. ¿A que no lo es, papá?

—Me temo que sí, John, y siento mucho que hayas tenido que enterarte ahora y de este modo. Pero eso no tiene que preocuparte. No habrá ninguna diferencia, no cambiará nada. Te queremos igual. De hecho, en cualquier caso te queremos más precisamente por eso, porque eres más especial para nosotros.

Fue un duro golpe que me dio de lleno en la boca del estómago. Y caí en la cuenta de que tenía que ser cierto.

Quedé demasiado aturdido para hacer preguntas y ni siquiera se me ocurrió preguntarle o intentar descubrir quiénes eran mis verdaderos padres. Estaba demasiado ocupado pensando en los que no lo eran.

Gerry siguió hablando mientras yo sollozaba y me llenaba la camisa de mocos. Mis hombros subían y bajaban a pesar del peso de los brazos y era incapaz de controlarme. Estaba destrozado.

—¿Sabes quién es Marilyn? —le oí decir mientras intentaba escuchar sus palabras.

Asentí. Claro que sabía quién era Marilyn. No la veía a menudo, pero al fin y al cabo era mi hermana, ¿no?

—Bueno, pues Marilyn es tu madre —me dijo con calma, como si fuera lo más normal del mundo.

Estaba completamente desconsolado, berreaba sin control y las lágrimas me recorrían las mejillas mientras intentaba, en vano, asimilar toda esa información.

—No, no es verdad, papá. No puede ser verdad. Mi padre eres tú.

Marilyn era hija de Gerry, por lo que tenía que ser mi hermana, ¿no? ¡Tenía que serlo! Estaba absolutamente confundido.

—Lo siento, chico, pero esa es la verdad. Aunque ya te he dicho que eso no cambia nada de nada. Eres y seguirás siendo mi hijo pequeño.

Me vino a la mente una imagen de Marilyn. Podía ver su rostro redondo y sonriente, con el pelo corto y oscuro y las cejas finas y bien perfiladas. Se las depilaba hasta que le quedaban realmente delgadas porque estaba de moda llevarlas de ese modo a principios de los ochenta, aunque yo siempre consideré una extravagancia eso de arrancarse el pelo. ¿Me parecía a ella? No sabía decirlo. No podía pensar con claridad. Apenas conseguía recordar la última vez que la había visto.

Fuera quien fuese, mi hermana, mi tía o mi madre, apenas la conocía. Y en ese preciso instante, no me importó. Para mí seguía siendo alguien que se dejaba caer de vez en cuando por el piso y a quien me habían enseñado a llamar «tía Marilyn». No me prestaba demasiada atención ni me mostraba un afecto especial, ni siquiera venía por mi cumpleaños o en Navidad. En ocasiones creo que ni siquiera se daba cuenta de que yo estaba allí.

—¿Tengo que volver con ella?

La pregunta me salió con un jadeo, y ni siquiera sabía a qué me refería con «volver», porque nunca había estado en casa de Marilyn. Sabía que había vivido en otra zona de Londres con su madre unos años atrás, cuando yo era más joven, pero no tenía ni idea de dónde vivía entonces. Yo tenía casi diez años y ella debía de tener unos veintiséis. Su vida transcurría al margen de mi familia más inmediata y yo no sabía nada acerca de ella.

—No. Eres feliz aquí. Tu madre te quiere, pero por supuesto no tienes que volver con ella.

Dot apareció por la puerta, o tal vez había estado allí todo el tiempo; en ese momento no habría sabido decirlo. El pelo rubio y ondulado le caía sobre los hombros, y recuerdo que al verla pensé que no tenía ni mucho menos aspecto de abuela. Dot no era ni vieja ni débil. Llevaba un delantal floreado atado a la cintura y una chaqueta de punto larga y ancha, como de costumbre, pero no tenía aspecto de abuela, sino de madre; mi madre.

—¡Gerry! ¡Qué estás haciendo?

—Alguien tenía que decírselo algún día.

—Ya lo sé, pero ¿por qué justamente hoy? ¿Y por qué se lo has contado sin que yo estuviera aquí? ¡No lo habíamos hablado!

No creo que Gerry tuviera respuestas para esas preguntas. Lo único que sabía era que el secreto había sido desvelado. Marilyn era su hija y supongo que creyó que la responsabilidad de explicármelo era suya. Era su casa y las reglas las ponía él. Yo seguí llorando mientras Gerry continuaba abrazándome y contándome cosas.

No recuerdo exactamente cuándo o en qué orden recibí la información, pero lo que acabó revelándome acerca de cómo llegué al mundo fue que Marilyn siempre revoloteaba entre la casa de Gerry y Dot y la de su madre y, en algún momento cuando tenía dieciséis años, se escapó. En cualquier caso, Gerry se pasó tres meses sin verla. Cuando Marilyn por fin apareció de nuevo, lo hizo con un bombo de unos siete meses.

Por aquel entonces tenía un novio llamado Jimmy Dolan. El nombre me sonaba; recordé que era un tipo al que había visto por casa unas cuantas veces. Nunca llegué a saber por qué venía ni qué miembro de la familia lo había traído. Solo sabía que se llamaba Jimmy, que al parecer lo conocía toda la familia y que nunca se sintió bien recibido. Creo que me dijeron que lo llamara «tío Jimmy», aunque yo sospechaba que en realidad no era mi tío, ya que no lo recibían precisamente con los brazos abiertos.

Gerry me dijo que Marilyn no quería atarse a Jimmy y que era demasiado joven para criar a un crío sola. Acordaron que daría a luz el bebé y que lo entregaría en adopción. Nací en el hospital Hackney General, y Gerry insistió en dejarme muy claro que Marilyn se enamoró de mí nada más verme a pesar de que era el recién nacido más escandaloso de la maternidad.

—No podíamos entregarte en adopción, John, no podíamos —dijo Gerry—. Por eso mamá y yo decidimos quedarnos contigo. No queríamos dejar que se te llevaran.

Hasta entonces no me había preguntado jamás por qué yo era el único de la familia con el apellido Dolan. Cuando ahora pienso en ello me sorprende no haberme dado cuenta antes, pero supongo que simplemente era demasiado joven para pensar mucho en ello. Gerry sabía que era cuestión de tiempo antes de que empezara a hacer preguntas incómodas y tal vez eso había precipitado su confesión.

Todo aquello me superaba, tenía que asimilar demasiadas cosas. Mi padre era mi abuelo, su hija era mi madre, mi madre era mi abuela… ¿y qué pasaba con Malcolm y con David? Creía que eran mis hermanos mayores, pero… ¿Ahora qué? ¿Qué eran? ¿Mis tíos? Decidí que no era importante; tampoco podría pensar en ellos como mis tíos. Siempre seguirían siendo mis hermanos mayores, del mismo modo que Jackie siempre sería mi hermana mayor. Eso nadie podría quitármelo.

Por lo que recuerdo, todo volvió a la normalidad de inmediato en cuanto me hubieron dado la noticia porque eso fue lo que yo quise que sucediera. No hablé de ello con nadie, nadie me comentó nada y me limité a intentar olvidar el tema.

«No habrá ninguna diferencia, no cambiará nada», me había dicho Gerry. Yo quería que tuviera razón, y cada vez que notaba una sensación extraña en el estómago me repetía esas palabras hasta que me sentía mejor.

Seguía paseando a Butch, seguía practicando el boxeo, seguía sufriendo el acoso en la escuela y seguía cenando en la misma mesa y durmiendo en el mismo cuarto.

—¡Mira, mi hermano! —exclamaba con orgullo cuando Malcolm o a David se acercaban a President House.

—Hoy se queda conmigo mi hermana Jackie porque mi madre y mi padre salen esta noche —les decía a mis amigos.

No había cambiado nada, me mantuve completamente firme al respecto. Un día oí que Gerry explicaba a Marilyn por teléfono que ya me lo había contado todo.

—Tenía que decírselo —dijo Gerry con severidad.

No volví a ver a Marilyn hasta seis o siete meses después, o sea, que aquello tampoco escapaba a la normalidad. Cuando por fin entró en casa me negué a verla de un modo distinto a como la había visto hasta entonces y ella actuó del mismo modo. Seguí llamándola «tía Marilyn», y ella jamás me comentó nada acerca del pasado. Yo estaba contento por ello, aunque por desgracia el siguiente disgusto no tardaría en llegar.

No creo que hubiera pasado mucho tiempo cuando Gerry se me acercó con la misma mirada seria que le había visto el día que me había pedido que me sentara en la cama junto a él y me había soltado el bombazo. De inmediato, el estómago se me revolvió una vez más.

—Hijo, hay algo más que tienes que saber.

—¿Qué es? —pregunté hecho un manojo de nervios.

Me vinieron ganas de taparle la boca con las manos para evitar que siguieran saliendo palabras, pero en lugar de eso mantuve la mía cerrada, me senté y escuché muerto de miedo lo que tenía que decirme.

—Quiero explicarte la verdad, hijo —me soltó Gerry—. No quiero que te vayan contando chismorreos por ahí.

Uno de los vecinos había estado hablando y el siguiente secreto de familia estaba a punto de desvelarse. Respiró hondo y me pasó la mano por el hombro igual que la otra vez para contarme el último secreto. Jackie, mi hermana mayor, también era adoptada. Escuché con atención cada una de las palabras con los ojos como platos cuando me contó la historia de Jackie y, de un modo cruel, sentí cierto alivio al descubrir que yo no era el único.

Como había dicho Gerry, no había ninguna diferencia, no cambiaba nada. A partir de ese momento sabía la verdad y tenía otra historia familiar que archivaría y olvidaría tan pronto como fuera posible. Para mí, Jackie era y todavía es mi hermana mayor.

Todo volvía a la normalidad, eso es lo que me dije a mí mismo al día siguiente. Y el otro, y el otro, hasta que me convencí de ello.

6

No pasó mucho tiempo desde que Gerry me contó todos esos secretos de familia hasta que tuve la brillante idea de hacer novillos de la escuela. Si me hubieran preguntado por qué lo hacía en ese momento, probablemente habría respondido algo como: «No quiero continuar soportando el acoso, ya no puedo más». El acoso seguía siendo grave, no me lo inventaba, pero cuando pienso en ello estoy seguro de que conocer la verdad acerca de mi familia me impactó hasta un punto que apenas estoy empezando a comprender hoy en día. Pasé mucho tiempo negándome a mí mismo la realidad y más tiempo todavía huyendo. Y la escuela era lo que más me invitaba a huir. Aún estaba muy obeso y comía más que nunca; al parecer, recuperaba enseguida el peso que perdía en el club de boxeo. Durante algunos períodos de tiempo estuve semanas sin pasar por el gimnasio, y puesto que zampaba demasiado, no resulta sorprendente que no me convirtiera en Rocky de la noche a la mañana. Los chicos del colegio tampoco me ayudaban a olvidar.

Hacer novillos me pareció la solución ideal: si no estaba en la escuela y no sufría el acoso, mis problemas terminarían resolviéndose. No había más muchachos de mi edad que se escaquearan como yo; creo que era bastante raro que un alumno de primaria hiciera novillos, pero yo lo tenía todo controlado. Dot y Gerry trabajaban durante el día y Jackie por aquel entonces ya iba al instituto. Yo ya tenía la edad suficiente para ir solo a la escuela, por lo que no me resultaba difícil saltarme las clases.

Salía de casa vestido con el uniforme a las nueve menos diez, como de costumbre, después de despedirme como es debido de Butch. Sin embargo, en lugar de bajar la escalera y cruzar la calle para ir a la escuela, lo que hacía era ir a la planta superior de President House. Mirando a un lado y otro como debía de haberle visto hacer a algún personaje sospechoso de *Starsky y Hutch* o de alguna otra serie por el estilo, recorría a toda prisa el pasillo que conducía a la azotea a sabiendas de que nadie me encontraría allí.

La azotea era el lugar en el que los chicos mayores se reunían para fumar porros por la noche, pero durante el día estaba desierto. Una vez en ella, me acurrucaba con la cabeza sobre la mochila y dormía tanto como podía, o sacaba los lápices y los rotuladores y me ponía a garabatear cualquier cosa. Hacía lo mismo un día tras otro. No me importaba que hiciera demasiado frío; no estaba en la escuela y eso era lo único que contaba para mí.

El problema fue que, si bien me encantaba saltarme las clases y quedarme solo en la azotea, no conseguí mantener a raya el aburrimiento y empecé a buscar la manera de estar ocupado.

Me di cuenta de que el lechero hacía el reparto siempre hacia las nueve y media de la mañana y de que dejaba al menos una botella de leche frente a cada puerta. Un día, después de pasar alrededor de una hora holgazaneando por la azotea, bajé la escalera, recogí todas las botellas y las fui arrojando desde lo alto del edificio. Ni siquiera miraba adónde iban a parar, pero oía cómo estallaban contra los balcones para acabar impactando en las lunas de los coches que estaban aparcados debajo. Era como si estuviera en trance; simplemente estaba haciendo lo que me apetecía. Oí que la gente salía de sus casas y empezaba a gritar, pero la ignoré y seguí con lo mío. Nadie me había visto, y me importaba un bledo lo que pudieran pensar. Entonces, de repente, oí la voz de David y eso me devolvió a la realidad.

—John, ¿eres tú? ¡John! ¡Espero que no seas tú, pequeño cabrón!

Oí los pasos de David por la escalera; su voz se escuchaba cada vez más y más cerca.

—¡John! ¿Me has oído? ¿Dónde estás? ¿John? ¿Eres tú?

No tenía ninguna posibilidad de esconderme, por lo que decidí simular que mantenía una conversación con un colega.

—Vamos, John, ayúdame —dije con la voz más grave que fui capaz de fingir—. ¡Ayúdame a tirar las botellas, vamos!

—¡No! ¡Para, para ya! —respondí con mi voz normal en un tono más agudo, para que sonara lo más inocente posible—. ¡No! ¡Yo no pienso hacerlo! ¡Para, para ya!

De un modo ridículo, seguí lanzando botellas de leche por encima del muro de la azotea mientras representaba mi pequeña actuación y no me detuve hasta que oí que David estaba a punto de aparecer por la puerta.

—¿Sabes lo que acaba de hacer ese chiflado? —dije mientras miraba a mi espalda con la voz más indignada posible—. ¡Y encima sale corriendo!

—¿De qué estás hablando, John? —gritó David—. El único chiflado que hay aquí eres tú. Y encima eres un mentiroso como la copa de un pino. ¡Ven aquí enseguida!

Mi hermano me agarró por el cuello de la chaqueta con una de sus gigantescas manos, me levantó del suelo y se me llevó a rastras a nuestro apartamento, donde Dot me estaba esperando para castigarme como era debido.

—No entiendo por qué se está descarriando de ese modo —le dijo a David entre sollozos después de haberme dado unos buenos azotes en el trasero—. No sé qué hacer con él.

Cuando Gerry llegó a casa esa noche y Dot le contó lo de

mis novillos y las botellas de leche, se puso hecho una fiera. Dijo que no podía creer en qué me estaba convirtiendo. Ni siquiera me preguntó por qué lo había hecho, solo quiso asegurarse de que no volvería a suceder algo parecido.

—Maldito gordo cabrón. —No paraba de gritar, estaba furioso de verdad. —No te atrevas a intentar otra barrabasada como esa. ¿Me has oído? ¿Me has oído?

—Lo siento, papá. Te aseguro que lo siento. No sé por qué lo hice.

—Porque eres un cabrito, por eso. Como sigas por ahí, ya sabes dónde está la puerta.

Por muy mal que me hubiera portado en anteriores ocasiones, cuando me sorprendió la policía o cuando dejé entrar a aquellos dos chicos en casa, nunca me había amenazado con echarme de nuestro hogar. Lo que me dijo a continuación sigue resonando en mi cabeza.

—Esta vez sí que te has pasado. Como vuelvas a ocasionar problemas ya puedes marcharte a vivir con Jimmy Dolan, ¿me has oído? O con Jimmy Dolan o al orfanato, me da igual.

Esa fue la primera vez que me amenazaba con mandarme a vivir con Jimmy Dolan y me dejó destrozado. Sabía que era mi padre biológico, pero de todos modos Jimmy seguía siendo un completo desconocido para mí y la idea de vivir con él me parecía absolutamente horrorosa. Me había repetido tantas veces a mí mismo que nada había cambiado en la familia que creo que había estado a punto de creerlo. Sin embargo, ahí estaba Gerry, el hombre al que siempre había tomado por mi verdadero padre, diciendo que se alegraría de ver cómo me marchaba. La puerta de la calle nunca quedó cerrada del todo a partir de ese momento.

Debo decir que eso tuvo su efecto, que me porté mucho mejor durante un tiempo y me adapté a una rutina más adecuada, procurando pasar desapercibido y sin causar problemas en la medida de lo posible. Seguí sufriendo acoso en la escuela, pero intenté que me afectara menos que antes. Después de terminar la primaria pasé por la Central Foundation Boys' School, un instituto para chicos que estaba cerca de la rotonda de Old Street. Era grande para ser un instituto de la periferia, había unos quinientos muchachos de entre once y dieciocho años, y tenía fama de ser bastante duro. Había oído todo tipo de historias espeluznantes sobre los alumnos mayores, por lo que supliqué una y otra vez a Dot que no me matriculara allí.

—Todo irá bien, John —me dijo—. Eres un chaval grande y fuerte, no tendrás ningún problema.

Yo no la creí y el primer día de clase, en el momento en el que me disponía a salir de casa, tenía los nervios de punta. Ojalá hubiera podido llevarme a Butch para que me protegiera.

Arrastré los pies hasta el instituto y pasé la mayor parte del día deseando ser invisible y esperando no tener la necesidad de ir al baño, que era donde se suponía que merodeaban los chicos mayores. A media tarde tenía la vejiga a punto de estallar y me vi obligado a ir. Nunca olvidaré el olor que subía por aquella escalera de caracol desde los retretes del sótano, y no me refiero al hedor de los urinarios, sino a la humareda que salía por debajo de la puerta. Una vez dentro, apenas podía ver dos pasos por delante de mis narices debido a la densidad del humo. Tal como me habían advertido, había una pandilla de alumnos mayores diez veces más temibles que los chavales de mi barrio haciendo el vago, fumando y con ganas de divertirse o de meterse en problemas, probablemente las dos cosas. Todos se volvieron para mirarme y yo tragué saliva. La corbata de rayas doradas que llevaba puesta me apretaba demasiado y tenía un nudo en el estómago.

—¡Caramba, menuda barriga, chaval! —gritó uno de los chicos—. Te has pasado el verano criándola, ¿no? ¿Cuántas tartas guardas ahí dentro? ¿Cómo se llama el gordo ese de

Grange Hill? ¿Roland? Sí, eso, a partir de ahora te llamaremos «Roly».

Noté que me ponía colorado por momentos, pero por suerte se limitaron a echar unas risas y enseguida siguieron dando caladas a los cigarrillos y me dejaron en paz. Algunos tenían botellas de alcohol, mientras que otros se liaban sus propios pitillos; más adelante descubriría por experiencia personal que aquel olor tan potente no se debía solo al tabaco sino también a la hierba. Ese primer día entré y volví a salir tan rápidamente como pude, asombrado de que no me hubieran metido la cabeza en un retrete. Supongo que los chicos mayores no quisieron arriesgarse a comprobar si eran capaces de levantar a alguien de mi tamaño y ponerlo boca abajo.

Tardé un tiempo en acostumbrarme al lugar; de hecho, me parece que nunca lo conseguí del todo. En cualquier caso quedó claro una vez más que estudiar no era lo mío. En casi todas las clases tenía los mismos problemas que ya había tenido antes: la falta de atención y mi pasión por hacer garabatos la mayor parte del tiempo. Y una vez más, la única clase en la que era capaz de defenderme era la de arte. El maestro, el señor Glover, era un tipo muy tranquilo que siempre me dejaba elegir lo que quería hacer. Me dejaba solo en mi pupitre, dibujando con mis lápices, copiando coches o caras de famosos a partir de fotos de revistas que estaban guardadas en pilas al fondo del aula. Eran las únicas ocasiones en las que conseguía concentrarme. Me ensimismaba tanto en lo que estaba haciendo que el tiempo me pasaba volando y siempre daba un respingo cuando sonaba la campana.

El señor Glover era un tipo simpático al que no le importaba romper unas cuantas normas para hacerme sentir mejor. Un día pasé por delante de su aula camino de la clase de geografía cuando decidí que prefería quedarme en la clase de arte, por lo que le pedí que me dejara entrar.

—Claro que sí, John, siempre que no hagas ruido. Hay un pupitre vacío detrás.

Copiando cómics de pequeño cuando me refugiaba en mi mundo.

No importaba si él estaba dando clase a los de tercero, cuarto o quinto, a partir de ese día siempre me permitió entrar en su aula sin preguntarme qué lecciones me estaba perdiendo o de qué clase me habían echado.

Fue el único maestro que llegó a felicitarme por mis trabajos y en algunas ocasiones me pidió que me quedara después de clase para preguntarme qué pensaba hacer cuando fuera mayor. Por aquel entonces no tenía ni idea y me limitaba a quitármelo de encima, pero el mero hecho de que me lo preguntara hizo que me diera cuenta de que podía llegar a hacer algo, de que quizá tenía un talento que podía explotar. Era la primera vez que un maestro se interesaba por mí.

Ya en casa, seguía dibujando bastante para no aburrirme, aunque no tanto como cuando era más pequeño. Gerry había dejado de comprarme cómics; supongo que ya era demasiado mayor y además me dijo que no merecía tantos regalos, teniendo en cuenta mi comportamiento.

En la mayor parte de los casos me limitaba a hacer garabatos, copias y dibujos de cualquier cosa que me llamara la atención, pero casi nunca terminaba lo que empezaba. Esa es la historia de mi vida. Tardaría aún veinticinco años en aprender a terminar mis dibujos. Aunque parezca mentira, el primero con el que lo conseguí fue un retrato de mi querido George, que además fue la primera obra que vendí en mi vida.

7

Quiero contaros algo más sobre George. Se ha puesto muy pesado merodeando alrededor de mi mesa mientras escribo esto.

—¡Échate, vamos! —le he estado diciendo—. Déjame tranquilo un rato, ¿quieres?

Se ha sentado en la silla de piel del estudio de arte que Griff tiene en Rivington Street, en Shoreditch, con la cabeza gacha y mirándome con desprecio.

—Ahora crees que también eres escritor, ¿no? —me dice el muy caradura con su expresión.

—Pues mira, sí. Venga, date la vuelta y ponte a dormir.

Nos habíamos quedado en que había salido a pasear a George por el parque la primera mañana que pasó conmigo y en que me di cuenta de que tenía en mis manos a un animal muy fuerte y que necesitaría muchos cuidados, cuando apenas era capaz de cuidar de mí mismo. Cuando volvíamos del parque, George siguió tirando con insistencia de la correa, hasta el punto de arrastrarme, mientras yo poco a poco empezaba a asumir la decisión que había tomado, repitiéndome que todo iría bien, que de algún modo lo conseguiría, y entonces… ¡plas! George me arrancó la correa de las manos y salió disparado. Cuando levanté la mirada vi un gatito atigrado a unos doce metros de distancia que se estaba frotando el lomo contra una reja, ajeno al hecho de que un

Staffordshire se hubiera lanzado hacia él ladrando como un loco. Yo me limité a contemplar aterrorizado cómo perseguía al gato, que tras valorar la situación había echado a correr calle abajo.

—¡George! ¡Ven aquí! —grité mientras intentaba perseguirlo, cojeando—. ¡Vuelve, George! ¡No seas bestia!

Regresó uno o dos minutos después, con los ojos brillantes y arrastrando la correa entre las patas, con cara de habérselo pasado en grande con aquel jueguecito.

—¡Qué cabrón! ¡Pero mira que eres cabroncete! —le reprendí con firmeza mientras agarraba de nuevo la correa y me la enrollaba en la mano. Lo dije en voz alta y mostrándome muy enfadado porque quería asegurarme de que entendiera que no debía repetir lo que acababa de hacer.

George bajó la cabeza y frunció el ceño, pero levantó los ojos para mirarme con cara de corderito degollado. Creí entender que se arrepentía, pero también me pareció observar algo en su mirada que me decía:

—Vamos, hombre, no irás a culpar a un perro por perseguir a un gato, ¿no?

Tuve que admitir que tenía razón, pero tampoco podía dejar que siguiera actuando de ese modo. George no era un perro controlado y eso significaba que era un peligro para sí mismo, para mí y para la gente en general, por no hablar de los pobres gatos del barrio. De haber sido más sensato, probablemente habría tomado un taxi para llevarlo hasta el centro de acogida de animales más cercano, habría entrado con las manos en alto y diciendo: «¡Lo siento, no puedo hacerlo!».

Sin embargo, como ya he explicado, por aquel entonces estaba más que alejado de un estado de sensatez aceptable. Me había quedado a George llevado por un impulso. No había pensado en lo mucho que me costaría alimentarlo ni en ningún otro argumento práctico de ese tipo y, aunque sabía que me acarrearía un montón de problemas, durante el poco tiempo que llevaba conmigo había llegado a cogerle mucho cariño.

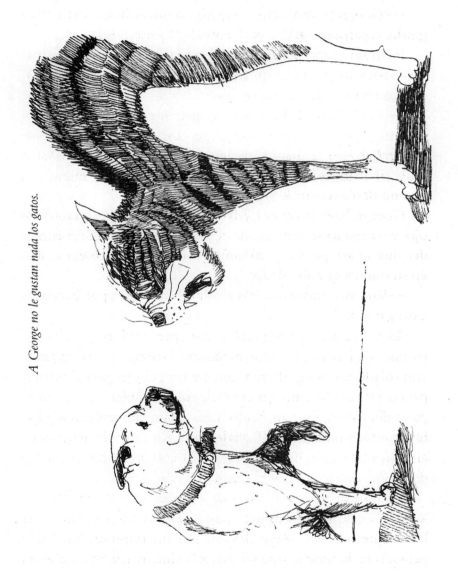

A George no le gustan nada los gatos.

Me gustaba tenerlo en el apartamento, sobre todo después de haberme acostumbrado a que el piso estuviera siempre lleno con Becky, Sam y su perro pastor, y el instinto me decía que tenía que quedármelo. Había algo único en George, algo que despertaba en mí unas ganas enormes de protegerlo. No es fácil describir esa sensación, pero cuando lo conoces, y espero que algún día tengáis la oportunidad de conocerlo, comprenderéis a qué me refiero.

—Ya se me ocurrirá algo —me dije a mí mismo, aunque no tenía ni idea de qué podía hacer, todavía no.

George me estuvo siguiendo toda la tarde y esa noche volvió a dormir acurrucado junto a mis piernas. Al día siguiente decidí llevármelo a mi sitio habitual en la estación de metro de Tower Hill para ver si conseguíamos unas libras con las que comprarle alimento. Sam y Becky me habían dejado unas cuantas latas de comida para perros, pero George tenía hambre a todas horas y se nos estaban acabando. De todos modos, ¿qué podía ir mal mientras lo mantuviera bien atado?

—Todo —imaginé que me decía George mientras observaba cómo le ponía la correa. Sus ojos parecían preguntarme—: Quieres más problemas, ¿verdad?

—Eh, pórtate bien, ¿de acuerdo? —le advertí—. Vamos.

George fue un incordio durante todo el camino. Me preocupaba tener que ocuparme de él con las muletas, por lo que decidí dejarlas en casa. Eso significaba que tenía que andar despacio y con cuidado, y eso a George no le gustó. Estuvo a punto de arrancarme el brazo porque quería acelerar el ritmo, y el tobillo me dolía muchísimo cada vez que clavaba el talón en el suelo para intentar mantenerme erguido.

—¡Ten un poco de consideración conmigo, que ya soy viejo! —le dije.

Unos cuantos indigentes a los que conocía se me acercaron en cuanto llegué con George. Ya sabían muchas cosas acerca de su anterior propietario. Un par de ellos incluso conocían al escocés borracho y me advirtieron al respecto.

—He oído que piensa quitarte una libra cada vez que te vea —me dijo uno—. Ve con cuidado.

Otro me contó que el escocés era un mal bicho y que se había ganado fama de robar a indigentes. Eso último no me gustó nada y quise asegurarme de que no se le ocurriría intentarlo con George y conmigo.

—Lo sé todo sobre él —dije, exagerando un poco—. Ya estoy preparado. Tengo un bate de béisbol con su nombre escrito a lo largo, de lado, de arriba abajo y de abajo arriba. Si intenta amenazarme o recuperar a George, me veré obligado a enseñárselo.

No soy un tipo violento por naturaleza y no tenía intención alguna de atacar a nadie con un bate de béisbol, pero me interesaba que corriera la voz de que no sería una presa fácil y, por otro lado, sabía que podía confiar en los chicos para ello.

Esa es una de las muchas cosas alentadoras que he aprendido con los años acerca de la comunidad indigente: casi todos se protegen los unos a los otros. Cuando has estado sentado sobre los huesos del culo y has dormido al raso, aprendes la importancia de la solidaridad y de cuidar de aquellos que están en el mismo barco que tú. Si lo había soltado era porque sabía que la gente de la calle haría circular lo que había dicho para intentar protegernos a George y a mí.

Mi rutina habitual en esa época consistía en merodear cerca de la entrada del metro y acercarme a los viandantes para pedirles con mucha educación si podían darme alguna moneda. Puesto que me criaron unos padres orgullosos como Gerry y Dot, me avergonzaba mucho encontrarme en esa situación. La única manera que se me ocurrió de sobreponerme a la vergüenza fue pensar en mí mismo como en un animador que pedía propinas, por lo que siempre intentaba bromear con la gente a la que me acercaba para arrancarles una sonrisa.

—¿Cómo va el día? —decía—. ¿Va a algún lugar bonito? Por una libra puedo llevarlo a caballito.

Tonterías, en realidad, pero ni en sueños me habría limitado a extender la mano de un modo miserable o a forzar un aspecto amenazador. Incluso cuando estuve más desesperado, siempre intenté sonreír y me esforcé al máximo para mantener una mínima conversación.

La mayoría de la gente me miraba como si fuera invisible y me ignoraba como si no estuviera allí. Otros parecían incómodos y buscaban alguna moneda suelta para mí antes de continuar su camino tan pronto como podían. En realidad eran solo una minoría los que aceptaban la conversación y me trataban como a un ser humano. No culpo a los que piensan mal sobre los indigentes o los tipos que viven en la calle. Puede que les dé miedo preguntarse los motivos que han llevado a esas personas hasta esa situación, si tal vez han cometido un acto terrible o se debe a una parte oscura de su carácter. Eso lo comprendo, pero ni siquiera se acerca a la verdad, en buena parte de los casos. Habiendo sido un indigente yo mismo y después de haber trabado amistad con muchos de ellos, sé que los indigentes y los mendigos no son distintos del resto de la gente. Son personas que se horrorizan cuando saben que alguien maltrata a un perro o que un escocés chalado va robando y amenazando a los más vulnerables. Son muchos los que han acabado en la calle porque han tenido mala suerte y no han sabido jugar bien sus cartas en algún momento de la vida, a menudo sin que haya sido culpa suya siquiera. Eso significa que tienen sentimientos como el resto del mundo, que de ningún modo son inferiores y que, por consiguiente, merecen el mismo respeto que cualquier otra persona.

A pesar de exhibir mi mejor sonrisa y de esforzarme para que el proceso de mendigar fuera lo menos doloroso posible para todos, aun así me parecía algo odioso. Si seguía pidiendo limosna era porque tenía hambre y necesitaba una taza de té, pero depender de la caridad del prójimo era una verdadera humillación para mí, algo que de verdad me rompía el alma.

Llevado por el optimismo, pensé que llevarme a George cuando saliera a pedir unas monedas facilitaría las cosas. Sé que hay muchas personas reacias a las razas como los Staffordshire debido a la mala prensa que los rodea, pero me parecía un perro tan bonito que tenía la esperanza de que su compañía me beneficiara.

—¿Puedes ir activando tu encanto natural, George? —le dije mientras tomaba posiciones frente a la estación de metro de Tower Hill—. Necesito que deslumbres a esta gente.

George levantó una pata para mearse en un muro y me dirigió una mirada que decía:

—¡Vete a la mierda! ¿Cómo quieres que lo haga?

Durante los primeros cinco minutos que estuve sentado, se dedicó a vagar a mi alrededor, a olisquear a los viandantes, a ladrar, a arrastrarme por la acera y, en general, a incordiar. Yo intenté que se quedara sentado y tranquilo, pero él no parecía muy dispuesto a obedecer. Se alteraba por cualquier cosa: el gruñido del motor diésel de un taxi, el vuelo de las palomas o incluso una brisa más fuerte de lo normal. No había manera de que se quedara sentado y quieto. Lo peor de todo era que algunos de los peatones parecían muy nerviosos por culpa de George y eso hizo que me sintiera mal. Era obvio que no ejercía el control deseable con un animal como él, y eso no estaba nada bien. No tardamos mucho rato en marcharnos de nuevo.

—Tienes que aprender buenos modales —le dije a George mientras dábamos un paseo—. Para empezar, a las mujeres no les gusta que les olisquees bajo la falda o que saltes sobre ellas. Voy a tener que enseñarte un mínimo de educación.

Me lanzó una mirada larga e intensa, como si se estuviera preguntando cómo iba a conseguirlo un tipo como yo.

—Si de verdad se cree a la altura de las circunstancias —decía su expresión—, estoy a su disposición, caballero.

—Yo te enseñaré. Mira y aprende, George. Soy mejor de lo que crees y te lo demostraré.

Nos dirigimos a casa y durante unos minutos comprobé

con alivio que George caminaba bastante bien con la correa puesta. Todo iba perfecto hasta que doblamos la esquina en Royal Mint Street y un gato negro apareció de un callejón que quedaba a unos metros de donde estábamos. El gato cruzó la calle y George salió corriendo tras él como el Coyote de *Looney Tunes* cuando persigue al Correcaminos. Se lanzó de forma tan súbita y con tanta fuerza que me arrancó la correa de las manos y quedé agarrado a una farola.

—¡Para, George! ¡Cabrón! ¡Ven aquí! ¡Para ya, pedazo de cabrón! —grité con la máxima severidad de la que fui capaz—. ¡Que pares te digo, hijo de puta!

Ni siquiera se volvió para mirarme mientras yo contemplaba aterrado cómo se plantaba en medio de la calzada, frente a un taxi negro que se vio obligado a girar bruscamente. El taxista tocó el claxon y agitó un puño cerrado en mi dirección mientras gritaba:

—¿Por qué coño no lo llevas atado, joder?

Entretanto, el gato escapó por encima de un muro y George se quedó ladrando al otro lado de la calle.

—¡Lo siento, colega! —dije al taxista.

Él frunció el ceño y negó con la cabeza mientras se alejaba.

—Quieto ahí, George, pedazo de cabrón —grité desde el otro lado de la calle—. ¡Espera! ¡No te muevas! ¿Me oyes? ¡Quieto ahí!

Se me quedó mirando fijamente mientras yo esperaba a que dejaran de pasar coches para poder cruzar la calle y recuperar la correa. Era evidente que lo que quería era que se quedara quieto y me esperara, pero o bien no me entendió o tenía otros planes. Lo que hizo fue volver a cruzar la calle a lo loco. Le dio un susto de muerte a un tipo que iba en bici que me llamó «puto gilipollas», algo que no pude discutirle. Sentí un alivio tremendo cuando recuperé la correa y el control sobre George, que estaba algo asustado, y cuando por fin entré con él en casa tenía la frente cubierta de sudor y me temblaban las manos.

—Te vas a quedar en la calle como vuelvas a hacerlo —le advertí—. ¿Es que no te han enseñado nada?

George olisqueó el aire y empezó a lamerse.

—Lo interpretaré como un no —dije—. Y para de hacer eso ahora mismo.

Mientras hablaba agarré una de las muletas y comencé a agitarla frente a él. George se detuvo de repente, se encogió y empezó a gemir. No era necesario ser un genio para darse cuenta de que había recibido más de un golpe en el pasado. Fue horrible ver cómo se agazapaba de ese modo, fue como recibir una puñalada en el pecho. Dejé caer la muleta llevado por el sentimiento de culpa y me agaché para acariciarle la cabeza. Daba igual lo que hubiera vivido; George merecía ver que cambiaba su suerte. Yo sabía a la perfección lo que se sentía cuando la fortuna te daba la espalda y deseé de veras poder ayudarlo. A Butch lo adiestré cuando era niño y, a pesar de que hacía mucho tiempo de ello, sabía que podría hacer lo mismo con George si me lo proponía. Además, era consciente de que si no lo adiestraba seguramente tendría que renunciar a él, una posibilidad que ya no estaba dispuesto a aceptar.

Estaba sentado a mi lado, mirándome de un modo algo inquietante, como si estuviera intentando leer mi mente. Eso es algo que había observado en George. Era obvio que era un perro increíblemente inteligente, con un carisma y una presencia que no había visto hasta entonces en ningún otro de su especie. No sería justo decir que era casi humano, eso sería ir demasiado lejos. Sin embargo, en ocasiones tuve la sensación de que tenía más sentido común que yo. Era imposible no responder cuando me miraba de ese modo tan enigmático. La verdad, no me habría sorprendido si de repente hubiera abierto la boca y me hubiera ladrado:

—¿Estás bien, tío?

—Sí, George —acabé diciendo para responder a esa pregunta que él no me había formulado—. Todo bien, amigo. Solo estaba pensando, nada más. Estaba pensando en lo que haremos a continuación.

George miró hacia el suelo, como si hubiera comprendido que tenía que darme tiempo para ordenar mis ideas.

Al parecer nadie sabía cómo George había acabado en manos de aquel escocés loco, pero imaginé que no debía de ser una historia feliz teniendo en cuenta el personaje en cuestión. Cuando pensé en mi propia vida, todavía vi más claro que quedarme con George comportaba asumir una gran responsabilidad. No era solo el hecho de tener que cuidarlo a diario, sino que además tenía que enseñarle a comportarse y a sobrevivir en el mundo. Lo había «heredado» del mismo modo que Dot y Gerry me habían «heredado» a mí. Tendría que esforzarme al máximo, igual que habían hecho ellos cuando yo necesité un hogar y una familia.

Tendría que adiestrar a George para que aprendiera a comportarse sin tener que estar atado, de manera que yo pudiera andar con muletas sin miedo a ser arrastrado o a perder el control sobre él.

—Tengo un plan, George. ¿Qué te parece si te educo para que no necesites llevar esa vieja correa?

Al mencionar la palabra «correa», George empezó a olisquear el piso, buscándola. Pensó que me lo llevaba a dar un paseo.

—No, olvídate de eso, George —le dije—. Ven conmigo, tengo una idea.

Mi apartamento quedaba cerca de una calzada muy amplia por la que se salía de Tower Bridge en dirección a Essex. Decidí que serviría como campo de entrenamiento para George. Siempre estaba abarrotada, pero la conocía al dedillo y pensé que si conseguía enseñarle a cruzar esa calle de forma segura sin correa, podría enseñarle cualquier cosa.

Cuando salimos de casa, la artritis empezó a dolerme de verdad y tuve que apoyarme con firmeza en las muletas. Sabía que no sería nada fácil, y me puse nervioso desde el momento en el que pisé la calle, pero tenía que hacerlo de todos modos. Si George no aprendía a estar sin correa no podría quedármelo.

—Muy bien, este es el trato —le dije cuando llegamos a la acera—. Quédate conmigo ahora y podrás quedarte conmigo tanto tiempo como quieras. Si cometes cualquier estupidez te pondré de patitas en la calle.

Me sorprendí a mí mismo diciendo la frase en voz alta y esas palabras me dejaron un mal sabor de boca. Ya habíamos pasado el tiempo suficiente juntos para sentir apego por él, y creo que él sentía más o menos lo mismo por mí porque observaba hasta el último de mis movimientos y me escuchaba con mucha atención, como si de verdad quisiera comprender mis palabras y portarse bien.

—Buen chico, George —le dije—. No te alejes de mí. Vamos, buen chico. No te alejes, muy bien.

De momento, todo iba de perlas. George caminaba a mi lado y se volvía para mirarme tan a menudo que empecé a preocuparme por si chocaba contra algo en lugar de inquietarme por si salía corriendo. De todos modos, cada vez que doblábamos una esquina mis ojos recorrían las calles y las aceras, rezando para que no nos encontráramos con ningún gato. Si George se alejaba de mí más de medio metro, le gritaba con la voz más grave y seria de la que era capaz:

—¡George! ¡Ven aquí! ¡Eh! ¡Aquí! ¡Ya!

Seguí repitiéndolo una y otra vez, y George respondió bien, aunque me miraba de un modo extraño.

—Eso ya me lo has ordenado. Soy un perro y no un pececito de colores —parecía decirme con la mirada.

Con Butch aprendí que lo importante no es lo que le dices al perro, sino cómo se lo dices. Lo que funciona es proyectar la voz y sonar autoritario, igual que utilizar el lenguaje corporal adecuado y demostrar en todo momento que eres tú quien manda. Ahora que lo pienso, es posible que todo eso lo aprendiera de Gerry. Casi nunca llegó a ponerme un solo dedo encima; la voz de malo de película que ponía cuando se enfadaba a menudo había sido suficiente para castigarme.

George movía el rabo cuando le hablaba en un tono más suave, más tranquilo.

—¡Buen chico, George! Lo estás haciendo muy bien.

Era hora punta cuando llegamos a la carretera, y aunque pueda parecer una locura lo cierto es que eso significaba que, a pesar de la cantidad de coches que había, el tráfico no fluiría con tanta rapidez. Esa era una buena combinación para George. Tenía que haber cierto peligro que él pudiera percibir para que aprendiera las reglas de la calle, pero tampoco era cuestión de pasarse.

—¡Quieto! —bramé en cuanto llegamos a un paso de peatones que quedaba frente a una tienda de muebles—. ¿Me has oído, George? Quieto.

Había mucho tráfico y me di cuenta de que George estaba en guardia, con las orejas apuntando hacia arriba mientras lo recorría todo con la mirada. Eso era justo lo que yo quería. Necesitaba que oliera el peligro, con la esperanza de que el instinto lo mantuviera cerca de mí.

En ese momento pensé que era una buena idea, pero cuando lo recuerdo imagino lo que George habría dicho si hubiera podido:

—Estás de broma, ¿no? ¿De verdad crees que esto funcionará?

Supongo que ese es uno de los rasgos que me caracterizan. Incluso en los momentos de mi vida en los que he estado más hundido, siempre he tenido un brote de optimismo. ¿O tal vez eran ataques de demencia?

En cualquier caso, no cabe duda de que ese día yo veía el vaso medio lleno y estaba seguro de que iba a funcionar.

—Vamos, George. No te alejes, chico, quieto. ¡Quieto! ¡George! ¡George! ¡Vuelve aquí, pedazo de cabrón! ¡George! ¡Hiiijo de puuuta!

George salió disparado y cruzó la carretera a toda prisa como la bola de una máquina del millón. No se fijó en el tráfico ni un segundo. Lo único que veía era un maldito gato anaranjado que estaba pavoneándose por la repisa del escaparate de una tienda, en la acera de enfrente. Avergonzado y asustado, me quedé mirando como un tonto cómo los conductores reducían la marcha, lo esquivaban o clavaban los frenos para evitar atropellarlo. Una camioneta blanca estuvo a punto de chocar contra el coche que tenía delante, y más de un tipo al volante me saludó con el dedo para agradecérmelo.

El miedo me había dejado clavado en el suelo y con el corazón acelerado, pero antes de que pudiera siquiera recuperar el aliento George decidió volver a las andadas. Debió de perder de vista al gato, por lo que se dio la vuelta y regresó corriendo hacia mí entre el tráfico. Al cabo de un momento volvía a estar a mi lado, jadeando y tan impactado como yo por lo que acababa de hacer.

—Eres un mal perro, George. Quieto aquí. ¿Me oyes? ¡Quieto!

Fue un milagro que no provocara un accidente serio o que no muriera atropellado. Cogí una de las muletas y golpeé la acera con todas mis fuerzas para hacer el máximo ruido posible mientras vociferaba para que se diera cuenta de lo mal que se había portado.

—Cabrón... ¡Muy mal, George! —bramé una y otra vez.

Él echó las orejas atrás, frunció el ceño y soltó un fuerte aullido. La verdad es que daba mucha lástima y no me gustó nada tener que tratarlo de ese modo, pero su reacción me consoló.

Sabía que podría haberse vuelto hacia mí. A los perros sin dueño que han recibido malos tratos a veces les pasan ese tipo de cosas; digamos que no siempre aceptan las críticas. Sin embargo, George supo encajarlas bien y entonces supe que nos entenderíamos. Unos cuantos viandantes me lanzaron miradas envenenadas al ver que le gritaba y sé que habrá mucha gente que no estará de acuerdo con lo que hice. No reaccioné llevado por la ira ni me desahogué con él. Simplemente estaba convencido de que aprender a no perseguir gatos y a no cruzar la calle a lo loco podía salvarle la vida en el futuro. Desde entonces George no ha perseguido más gatos. De hecho, hoy en día si se le acerca uno no se moverá a menos que yo se lo ordene. Tampoco cruza las calles a lo loco; solo tengo que levantar la voz para recordárselo.

—¿Verdad, George? —le acabo de decir. Ha levantado la cabeza de la silla de piel de Griff y me mira con cierta vanidad—. Borra esa mirada de tu cara. Estoy contando lo cabrón que eras.

Por supuesto, en esa época, no tenía ni idea de que intentar salvar la vida a George también me serviría, de paso, para salvar la mía. Él era un chucho con suerte y estaba a punto de empezar a contagiármela, pero todavía tuve que esperar un tiempo hasta que eso ocurriera.

George me dio un buen susto el día que decidió cruzar repentinamente la calle.

8

—He pedido una cita con el médico para ti, John —me dijo Dot un día.

—¿Por qué, mamá?

—Por el sobrepeso, hijo, solo por eso —respondió como si nada. Hizo que sonara como una comprobación rutinaria, pero era evidente que no era así.

Nunca había estado más gordo que cuando empecé el segundo año de la escuela secundaria.

Mi madre no hablaba jamás acerca de mi sobrepeso conmigo, pero era evidente que había decidido que era el momento de actuar. Yo seguía practicando el boxeo de cuando en cuando, pero no adelgazaba; al contrario, cada vez engordaba más. Ante el médico de familia me sentí muy cohibido, allí plantado sin camiseta, mientras él me tomaba las medidas. Me hizo subir a una báscula y fue moviendo los pesos cada vez más arriba hasta conseguir equilibrarlos en ochenta y cuatro kilos y medio. ¡Y medía un metro treinta y dos centímetros! Estaba clínicamente obeso, y el doctor explicó a Dot que estaba preocupado por el esfuerzo al que estaba sometido mi corazón debido al sobrepeso, por lo que decidió que necesitaba la ayuda de un especialista. Yo no hice ninguna pregunta, lo único que quería era volver a ponerme la camiseta y salir de allí tan pronto como fuera posible.

Poco después, mi madre me dijo que ingresaría en el hospital Barts durante unas semanas durante las vacaciones de verano «para que me ayudaran a perder algo de peso». Esa fue su manera de expresarlo. No me gustó cómo sonaba eso de entrar en el hospital durante un tiempo, pero tampoco me gustaba estar gordo, por lo que me limité a asentir para demostrarle que estaba de acuerdo.

El hospital Barts está ubicado en Smithfield, en la City de Londres. Es un gran edificio antiguo y hay una iglesia de estilo normando al lado que, según mi madre, tiene casi mil años de antigüedad. Me contó que había resistido el Gran Incendio de Londres y los bombardeos de la Segunda Guerra Mundial, por lo que era el lugar más seguro del mundo. Cuando nos acercábamos a la entrada, vi que la gente lanzaba monedas en un estanque. Dejé la maleta en el suelo un momento para echar un vistazo dentro del agua.

—¡Caramba, mira qué grandes son esos peces, mamá!

—Son carpas japonesas, cariño —me corrigió una anciana mientras pasaba por detrás de mí ayudándose con un andador.

Yo estaba fascinado y muerto de miedo al mismo tiempo. Nunca había visto un edificio como aquel. He dibujado muchas construcciones de Londres a lo largo de mi vida, pero jamás he intentado reproducir el detalle y la magnificencia de Barts. Los alrededores también eran preciosos, parecían sacados de un libro de historia, pero no tuve tiempo de apreciarlos porque estaba realmente preocupado por lo que me esperaba dentro.

El olor a asepsia y el calor que hacía en la planta me provocaban dolor de cabeza, y las enfermeras, que empujaban los ruidosos carritos metálicos enfundadas en sus uniformes almidonados, me ponían de los nervios en todo momento. Me instalaron en una cama junto a un chaval de unos quince años que tenía una pierna rota. A los otros cuatro chicos de la planta debían extirparles las amígdalas. No teníamos muchas cosas en común aparte del hecho de que todos echábamos de menos nuestro hogar y de que intentábamos que no se notara. Fue la primera vez que pasé tanto tiempo alejado de casa.

La entrada de Enrique VIII del hospital Barts, la zona más antigua del edificio que todavía sigue en pie.

Las enfermeras me levantaban a las siete de la mañana y me obligaban a correr por el campo y a subir y bajar una escalera que estaba flanqueada por magníficos murales de William Hogarth, según me dijeron más adelante. Tras el entrenamiento matutino iba a ver al fisioterapeuta y luego tenía una sesión con un médico especialista. El primer día me hizo subir a una especie de bicicleta estática que estaba conectada a un velocímetro; recorrí once kilómetros, y acabé jadeando y resollando como un fumador empedernido.

Mi madre y mi padre podían ir a verme por las tardes. Sin embargo, a menudo solo se presentaba Dot. No creo que se llevara muy bien con Gerry en esa época y tampoco me atreví a preguntar por qué. No me importaba cuando venía sola, para mí era suficiente ver su rostro amable. Solía quedarse unas horas entre los turnos de limpieza, y yo siempre tenía la impresión de que se habría quedado más tiempo si hubiera podido, aunque solo fuera para alejarse de President House y de Gerry. Dot chismorreaba durante horas con la madre de otro chico de mi planta mientras yo pasaba el rato sentado en la cama, garabateando o copiando fotos de las revistas viejas que la gente se dejaba por ahí. No me importaba que fueran revistas de fútbol o de estrellas del pop porque en todas encontraba motivos para dibujar; tampoco es que fuera muy exigente al respecto.

Pasé dos semanas interno en el hospital y luego seguí yendo solo durante el día a lo largo de unos tres meses. Me prohibieron tajantemente el chocolate, las bebidas carbónicas y las patatas fritas, ¡solo me permitían comer una bolsa pequeña a la semana! Dot solía preparar cenas como salchichas con puré, o hígado y panceta ahumada, cualquier cosa que pudiera freírse, pero todo eso también pasó a la historia. A partir de entonces todo fueron frutas y hortalizas, pescado al vapor con salsa de perejil y huevos escalfados, aunque no tardé en acostumbrarme y a disfrutar con esa nueva dieta.

Perdí peso rápidamente y durante la Navidad de mi segundo año en el instituto apenas superaba los cincuenta y siete kilos. Dejé de ser el gordo de la clase y eso supuso un gran alivio para mí. Perder más de veinticinco kilos me cambió la vida; recuerdo que me miraba en el espejo y no daba crédito a lo que veían mis ojos. Echaba los hombros atrás y de inmediato me encontraba más alto. Me sentía alguien completamente distinto; seguía teniendo el dibujo y a Butch, pero por primera vez en mi vida además estaba en forma. Todo se estaba arreglando de un modo maravilloso.

Ahora me doy cuenta de que, si bien perder peso fue algo muy positivo por sí mismo, de un modo curioso mi comportamiento en la escuela empezó a empeorar por momentos a partir de entonces. Me volví más engreído e insolente que antes. Tal vez eran las hormonas de la adolescencia, pero, fueran cuales fuesen los motivos, no pude hacer nada al respecto. Me cansé del instituto, y ni siquiera el señor Glover, que seguía permitiéndome sentarme al fondo del aula durante sus clases de arte, fue capaz de retenerme.

—¿Te apetece tomarte un día libre? —me preguntó un chico mayor una mañana—. ¿Quieres venir con nosotros?

Yo sabía que él formaba parte de una pandilla que se reunía en la escalera de los bloques o en el aparcamiento subterráneo y que apenas pasaban por clase. También sabía que hacían algo más que fumar simples cigarrillos. Aquel chaval esnifaba disolvente y latas de combustible para mecheros. Las pocas ocasiones en las que iba a la escuela siempre llevaba una lata bajo la chaqueta para esnifar dentro del aula, o bien se impregnaba la manga con disolvente para inhalar la mancha húmeda.

Pero nada de eso me quitó las ganas de ir a dar una vuelta con él y su pandilla. En el fondo me sentía orgulloso de que me hubieran invitado a unirme a ellos. Era el tipo de cosas que no me habían ocurrido cuando estaba gordo, por lo que no me hice de rogar.

—Déjaselo probar a John —dijo el chaval nada más encontrarnos con sus colegas en un rincón oscuro del aparcamiento.

Uno de los chicos tenía una botella de disolvente, me la pasó y me indicó que vertiera un poco en una de mis mangas y que lo inhalara.

—Es muy divertido, John —exclamó—. ¡Pruébalo!

Lo hice sin pensar. No era capaz de ver lo malo que podía llegar a ser para mí aspirar unas cuantas veces ese tipo de sustancias. Al fin y al cabo, podías comprarla en la tienda de la esquina o mangarla del armario de material de la escuela, por lo que no podía ser ilegal. Enseguida noté que la cabeza me daba vueltas y me pareció muy gracioso. Sabía por experiencia que escaquearse del instituto no siempre resultaba tan divertido y estaba encantado de haberme unido a ese grupo de chicos que se animaban mutuamente a esnifar cada vez más. Estuvimos vagando por las calles, subiendo y bajando de autobuses, contándonos chorradas y, en general, perdiendo el tiempo. Las horas pasaron rápidamente, y al día siguiente fui a buscar más de lo mismo. O eso creía yo.

—Toma, prueba esto —me volvió a decir el chaval, aunque esa vez me pasó una lata de combustible para encendedores.

Todos sus colegas estaban riendo. No eran más que las nueve de la mañana, pero ya habían estado esnifando aquellos gases y era evidente que se lo estaban pasando en grande. Me enseñaron a hacerlo y enseguida me di cuenta de que era algo mucho más fuerte que el disolvente. Fue como si me hubieran doblado un poco la mente. La sensación fue instantánea, y ese día pasó todavía más rápido que el anterior. Fue como accionar un interruptor y transportar la mente a otro lugar en el que la visión y los sentimientos quedaban amortiguados y todo estaba algo borroso, o nublado, pero en cualquier caso fuera de lo normal.

Empecé esnifando Tippex y aerosoles de vez en cuando durante semanas, tal vez meses. Casi siempre me saltaba las clases con los colegas y solo aparecía por la escuela cuando Dot recibía una llamada o cuando Gerry me amenazaba diciéndome que si no me esforzaba me echaría de casa y tendría que vivir en un orfanato o con Jimmy Dolan.

Sé que en algunas ocasiones les amargué la vida a Dot y a Gerry, pero también los quería con locura y no era capaz de imaginar la posibilidad de no vivir con ellos. Me odiaba a mí mismo cuando Dot lloraba por mi culpa y no podía soportar que Gerry perdiera los nervios y me gritara. Los maestros podían desgañitarse chillando y yo no les hacía ni caso, pero cuando Gerry me echaba una bronca me afectaba de verdad porque me importaban tanto él como lo que él pudiera pensar de mí.

A pesar de todo, no me daban miedo sus amenazas para que cambiara mi comportamiento.

Cuanto más crecía, más fácil me resultaba escaquearme cada vez que me lo proponía. Cuando tenía quince años, ellos tenían cuarenta y tantos. Hoy en día no consideramos viejo a alguien de esa edad, pero ellos habían criado sin dinero a cuatro hijos y a Gerry empezaba a faltarle energía para lidiar conmigo. Y no me extraña.

Al final empecé a sufrir dolores de cabeza, pero no los relacioné con el consumo abusivo de disolventes, por muy estúpido que pueda sonar esto ahora. Dot se preocupó mucho por mis síntomas puesto que eran graves y parecidos a los efectos de la migraña que tanto la atormentaba a ella. Me llevó a ver a un médico que me preguntó cómo eran esos dolores y cuándo habían empezado. Le mentí, y Dot y yo salimos de la consulta con una receta para comprar unos calmantes muy fuertes. Me tomaba la dosis máxima cada día y seguía esnifando cola con regularidad. Y por extraño que parezca, ¡aún me preguntaba por qué me dolía la cabeza!

Poco después Dot llegó a casa después del trabajo, desenchufó el televisor y me pegó un bofetón espectacular.

—¿Y eso a qué viene?

—Enseguida lo sabrás —dijo temblando de ira mientras abría el bolso y sacaba de él una bolsa con cola.

—Esto lo he encontrado en tu cuarto.

—Oh, lo siento, mamá...

—¿Que lo sientes, John? ¡Dolor de cabeza, decías! ¡Que no sabías qué te los provocaba! Ya te daré yo un buen dolor de cabeza, ya!

Pensé que estaba a punto de endiñarme otra colleja, pero en lugar de eso se dejó caer en el sofá y rompió a llorar. Le dije una y otra vez que lo sentía. Parecía exhausta y tremendamente preocupada. No me gustó nada verla de ese modo e intenté suavizar el daño que le había hecho.

—Solo es para divertirme un poco —me excusé—. Creí que no llegarías a enterarte. No soy un adicto ni nada de eso. Ni siquiera creo que los dolores de cabeza estén relacionados con la cola…

Dot se pasó la noche llorando y al día siguiente me llevó de nuevo al médico.

—Creo que he encontrado el origen de las jaquecas de mi hijo —dijo mientras dejaba la bolsa de cola encima de la mesa—. Me gustaría que ayudara a John. A su padre y a mí no nos hace caso.

Unas semanas más tarde tenía cita con el «médico de la cabeza». En esos tiempos nadie los llamaba psicólogos, psiquiatras ni nada de eso. Era simplemente un «médico de la cabeza», el que hablaría conmigo acerca de los motivos que me habían impulsado a cometer una estupidez como esnifar cola. Cuando entré en la clínica, esperaba ver a un solo doctor, pero me encontré con un semicírculo de media docena de hombres y mujeres, unas cuantas batas blancas y varios rostros muy serios.

Tuve que sentarme en una silla frente a ellos mientras me hacían preguntas por turnos.

—¿Eres infeliz en casa? —quiso saber uno de ellos.

—No —respondí—. Mi madre y mi padre me tienen más que mimado.

Esa vez no mentía. Les quería mucho, y no era capaz de imaginarme viviendo en ningún otro lugar. Me compraban ropa, me alimentaban y me daban todo lo que les pedía. Otros chicos con los que crecí tenían que apañárselas solos. Vivían en casas sucias, sus madres siempre estaban borrachas o sus padres les pegaban. Mi vida no era tan mala, y no podría haber sido más sincero cuando dije a los médicos que mi infancia había sido idílica.

—¿Tienes problemas en el instituto? —me preguntó otro.

—No —contesté después de una pausa—. Simplemente lo odio.

—¿Qué es lo que odias del instituto?
—Todo.
—Tiene que haber algo que te guste. Intenta pensar en algo que te guste.
—La clase de arte, supongo. Y ya está. El resto me parece odioso.

Prometí a Dot que dejaría de frecuentar aquella pandilla y de esnifar disolventes. Mantuve mi palabra durante la Navidad y me obsequiaron con un juego de rotuladores de pintura que parecían acuarelas cuando los mojabas en agua y los utilizabas sobre cartulina. Los resultados eran fantásticos, y empecé a dibujar de forma realmente original en lugar de limitarme a copiar cómics. En ocasiones me sentía como uno de esos pintores antiguos con el caballete y el pincel; la única diferencia era que yo usaba rotuladores con punta de fieltro. Lo que ocurre es que copiando no saqué mucho partido a los rotuladores, puesto que solía dibujar bárbaros o personajes góticos como los de *La familia Addams*.

Dibujaba cosas como una hija realmente fea con pelo de bruja, muy largo, una abuela terrorífica y unos padres raros con los ojos perfilados en negro. Nunca terminaba nada del todo, no pasaban de ser esbozos, pero tampoco los creaba para nadie en especial. Los hacía por placer y para ver hasta dónde era capaz de llegar.

Un día, Dot se metió uno de mis dibujos en el bolso porque quiso enseñárselo a sus amigas del trabajo. Limpiaba oficinas cerca del mercado de carne de Smithfield, y resultó que un tipo de allí se interesó por mi creación cuando mi madre lo hizo circular para que lo vieran.

—¿Quién lo ha dibujado? —preguntó como si de verdad le importase mi arte.
—Mi hijo John —respondió Dot con orgullo.

—Bueno, pues podrías preguntarle si le apetece diseñarnos un logotipo.

El tipo había estado buscando un artista que le hiciera el distintivo de su empresa porque quería colocarlo en los flancos de su flota de camionetas.

—¿Le pagarás algo? —dijo Dot.

—Cinco libras por cada camioneta que lo lleve —respondió él.

—A ver qué opina mi hijo —soltó Dot con perspicacia, pensando que con eso podría ganarme unas libras si conseguía el encargo.

Cuando me contó todo esto, me entusiasmé. Era la primera vez que alguien que no era de mi familia cercana demostraba cierto interés por mis dibujos. Aparte del señor Glover, claro.

Me puse manos a la obra enseguida, jugando con diferentes estilos e ideas. Quería hacer algo realmente original, algo que destacara de verdad.

Decidí saltarme las clases y acudir al mercado de carne de Smithfield para ver cómo eran los logotipos de las demás empresas. Esa vez no me sentí culpable por no ir a clase; pensé que si tenía que convertirme en un artista famoso ese era un paso en la dirección correcta.

Cuando llegué a casa me senté e intenté dibujar el logo, pero no me salía nada. Tal vez fue por la presión de tener que producir algo por encargo o porque en aquel momento todavía no confiaba lo suficiente en mis posibilidades. Al final terminé dibujando a un carnicero alegre con un delantal a rayas y un brazo sobre un pollo de expresión alegre. Era cursi, y sabía que probablemente podía hacerlo mejor, pero tenía la esperanza de que serviría como distintivo. Al fin y al cabo, el comerciante se había interesado por lo que hacía yo. Sin embargo, cuando se lo mostré a Dot, echó una ojeada rápida y dijo:

—No, no creo que le guste. Pero… buen intento.

Y ahí terminó el tema. Me habían hecho mi primer encargo y no fui capaz de cumplirlo. Sin embargo, lo que más me dolió fue la reacción de Dot. Siempre había defendido lo que yo dibujaba, pero ese día parecía avergonzada por mi creación. De hecho, ni siquiera se la llevó al trabajo.

9

—¡Cállate, capullo! —grité mientras presionaba el botón de mi radio de banda ciudadana. Todos mis colegas empezaron a troncharse de risa al ver que habíamos boicoteado de nuevo la conversación entre dos amantes.

Fue en la época en la que los equipos CB estaban tan en boga, podríamos decir que para los chavales de quince años de entonces era el equivalente a Twitter hoy en día. Mantener conversaciones a través de las ondas era una verdadera novedad, pero lo mejor de todo era cuando unos cuantos chicos venían a casa aprovechando que Gerry y Dot no estaban y nos reuníamos junto a mi radio para escuchar conversaciones ajenas. Por la banda ciudadana se organizaban peleas y se daban muchos detalles acerca del lugar y la hora donde se encontrarían los bandos contendientes, la ropa que llevarían e incluso el aspecto físico de los participantes. Mis colegas y yo nos dedicábamos a echar leña al fuego diciendo cosas como:

—Será mejor que no aparezcas por ahí, capullo. ¡Te va a moler a palos! ¡Oyéndote ya se ve que no eres capaz ni de atravesar una bolsa de papel mojada con los puños! ¡No creo que seas capaz de abrir una puerta sin hacerte un esguince!

Lo más divertido, con diferencia, era cuando nos poníamos a escuchar a parejas enamoradas que se susurraban chorradas. Lo mejor de todo era que el tío no podía oír los insultos que le dedicábamos mientras hablábamos con su novia. Si la señal de tu antena era más potente que la de la otra persona que estaba en el mismo canal, tu voz se oía por encima de la suya. Cuando la novia empezaba a preguntarle qué estaba ocurriendo y por qué alguien estaba llamando capullo a su maromo, nos limitábamos a escuchar y a burlarnos de cómo se desbarataba la conversación.

—Derek —decía ella—, cuando hablas, hay alguien que habla por encima de tu voz.

—¿Qué dices, cariño?

—Que te están llamando capullo.

—¿Quién más está en este canal? —gritaba entonces Derek—. ¿Eres tú, Trevor?

Llegados a ese punto empezábamos a bombardearles con insultos.

—Eh, Derek, qué chati más fea tienes. ¡Menudo callo! Su hermano debe de ser un cíclope, ¿no?

A veces nos picábamos y los seguíamos por los cuarenta canales mientras ellos intentaban evitarnos. Al final no les quedaba más remedio que terminar la conversación. Aquello me parecía mucho más divertido que estar sentado en casa solo con Butch.

Cuanto más hacíamos el idiota de ese modo, más nos obsesionábamos. Llegó un punto en el que trepábamos a las azoteas del barrio para mangar las antenas de otros usuarios de emisoras CB si nos parecía que eran mejores que la nuestra. Luego las utilizábamos para amplificar la señal de nuestras radios. Acceder a las azoteas y los tejados era sencillo; solo teníamos que comprar las llaves maestras de las puertas a los cerrajeros, quienes estaban más que dispuestos a ganarse unas perras extras. No preguntaban gran cosa y nosotros no explicábamos nada, tan simple como eso.

Robar las antenas era solo una de las muchas cosas que hacíamos por aquel entonces para combatir el aburrimiento. Mis colegas y yo ya fumábamos hierba con regularidad y a menudo pasábamos la tarde colocados en casa de uno u otro, escuchando música con uno de esos radiocasetes gigantescos, de gente como Fine Young Cannibals y Public Image Ltd. Decidíamos a casa de quién íbamos en función de si sus padres estarían en ella o no y, puesto que Gerry seguía trabajando por las mañanas como basurero, casi nunca íbamos a la mía. Sin embargo, odiaba quedarme encerrado en el apartamento con él y sacaba a pasear a Butch tan a menudo como podía. En esa época Butch debía de tener unos seis años y apenas había aumentado de tamaño desde que era un cachorro. También seguía siendo un perro bastante nervioso, aunque si le soltaba la correa no se apartaba casi nunca de mi lado. Cada vez que mis colegas me veían con él por el parque se burlaban sin piedad.

—Oh, que perro más gay, John. Es un «machote» de verdad.

Esa clase de chorradas. En fin, no podría haberme importado menos.

Una tarde, yo estaba en el piso de un amigo mío que vivía en President House. Cuando terminamos de hacer las tonterías habituales con la radio CB, me contó que su padre guardaba un cortapernos debajo de la cama. Estaba solo en casa esa tarde, por lo que entramos en el dormitorio y lo cogimos para ver qué se nos ocurría hacer con él. Había un aparcamiento cerca que por las noches quedaba cerrado con un candado y nos pareció que sería divertido comprobar si éramos capaces de cortarlo. Nada más que eso. No teníamos ninguna intención de mangar nada, simplemente pensamos que intentando soltar el candado nos echaríamos unas risas. Fuimos corriendo hasta las puertas del parque y cuando llevábamos unos segundos trabajando en el tema mi colega se puso a gritar de repente:

—¡John! ¡La pasma!

Me di la vuelta y vi en la calle de al lado un coche patrulla con dos policías dentro que nos vigilaban. Ni siquiera nos habíamos molestado en mirar si había moros en la costa, hay que ser idiota. En ese mismo instante solté el cortapernos, y mi amigo y yo salimos pitando en direcciones diferentes.

No sé hacia dónde fue mi colega, pero yo acabé en una finca del barrio llamada Midway que parecía un laberinto. Por suerte, la conocía como la palma de mi mano y conseguí dar esquinazo a los polis. Por aquel entonces ya había superado el asma que había sufrido de pequeño y corría una barbaridad.

Al final acabé saltando un tramo de escalera entero en lugar de bajar los escalones uno a uno, crucé Goswell Road y corrí hasta President House, donde estaría seguro. Al cabo de un minuto estaba aporreando la puerta de casa como un loco.

—¿Se puede saber por qué coño haces tanto ruido golpeando el buzón? —gritó Gerry.

—Me estoy cagando, papá. Por favor, déjame entrar rápido. ¡Por favor!

Fue la mejor excusa que se me ocurrió en ese momento. Me metí en el cuarto de baño para que Gerry no creyera que estaba mintiendo, intentando que no se notara que tenía la respiración acelerada, y luego me fui directo a la cama. En cuanto hube recobrado el aliento, me metí bajo el edredón riéndome solo, pensando en cómo había escapado de la policía. Me sentía como si le hubiera hecho un corte de mangas a la pasma.

Hacia medianoche, Dot y Gerry ya se habían acostado y no se oía nada, pero el silencio quedó interrumpido de repente por unos castañazos tremendos en la puerta. Esa vez no fueron golpes en el buzón, sino un puño aporreando la madera con fuerza. Nadie llamaba a casa tan tarde. Y nadie llamaba con los nudillos.

Al instante caí en la cuenta de que tenía que ser la policía. Era evidente que habían pillado a mi colega y que este me había delatado y les había dado mi dirección.

Pude oír a Gerry maldiciendo en voz baja cuando acudió a abrir. Mientras abría los cerrojos ya levantó un poco la voz, pero cuando vio a los dos agentes de la policía metropolitana las palabrotas eran a grito pelado.

—¿Vive aquí alguien llamado John Dolan? —dijo uno de los polis.

—¿Qué coño ha hecho esta vez? —oí responder a Gerry.

—Todavía no lo sabemos con seguridad, pero está relacionado con unos daños a la propiedad privada. Puede que incluso haya sido allanamiento.

—¿Qué? ¿Un robo?

—Es posible. Por eso tenemos que hablar con él. ¿Está en casa?

—Sí, esperen un momento.

Antes de que Gerry pudiera entrar en el dormitorio yo ya me había levantado y me estaba vistiendo a toda prisa, de manera que nos encontramos a medio pasillo. Avergonzado, lo miré a los ojos y dije:

—Lo siento, papá.

—Te aseguro que lo sentirás cuando vuelvas a casa, cabrón —fue la respuesta de Gerry.

A continuación, los policías me esposaron y me guiaron escalera abajo hasta el furgón policial. Tardamos unos diez minutos en llegar a la comisaría de King's Cross, y durante ese tiempo solo pude pensar en cuándo pillaría a mi colega para atizarle una buena torta, así como en los problemas que me encontraría cuando volviera a casa.

Me acusaron de un delito de daños, no fue ni mucho menos el Asalto al Tren de Glasgow, pero eso no evitó que el juez del tribunal de Clerkenwell me impusiera también una multa de treinta libras, que tuvo que pagar Gerry.

—Cabrón —dijo mientras me daba el dinero que tanto le había costado ganar.

Gerry tardó varias semanas, si no meses, en calmarse. Cada vez que me miraba murmuraba la palabra «cabrón». En la medida de lo posible, intenté no pasar mucho tiempo en el piso, por lo que salía a dar largos paseos con Butch y en ocasiones incluso pasaba un par de días en la casa de algún colega. Cuando Gerry se enfadaba de verdad, algo que sucedía a menudo si había bebido demasiado, volvía a amenazarme con echarme de casa o con mandarme a vivir con Jimmy Dolan. Eso todavía me aterrorizaba y, aunque a esas alturas ya conocía un poco más a Jimmy Dolan, todavía no lo conocía lo suficiente y no quería marcharme a vivir con él. Nos habíamos visto unas cuantas veces durante los últimos años y me había contado que tenía un negocio de mobiliario de oficina de segunda mano junto con su padre, un verdadero personaje al que todo el mundo llamaba Jimmy el Loco. No hace falta ser un genio para imaginar cómo debió de ganarse ese sobrenombre. Me contó que las cosas le iban muy bien y me preguntó si quería echarle una mano de vez en cuando, lo que me pareció una buena manera de ganar algo de dinero. La situación no tenía mucha importancia, no había una auténtica relación padre-hijo entre él y yo. Para mí no era más que el mismo Jimmy Dolan de siempre; nos llevábamos bien cuando le echaba una mano transportando muebles los fines de semana.

Durante mi último año en la escuela me incluyeron en una unidad especial para niños con problemas de Londres. Nunca conseguí prestar atención de verdad en clase y, a pesar de que el señor Glover hacía lo posible por ayudarme, cada vez causaba más problemas con mi actitud. Lo mejor para todas las partes era que me marchara. El centro nuevo no parecía una escuela porque nos trataban como a jóvenes adultos y no como a niños. Podías tocar la guitarra o aprender a cocinar, si querías, y había una sala de fumadores en la que nos sentábamos a dar caladas a nuestros Benson & Hedges después de clase. Yo iba a diario, pero en realidad lo hacía para pasar el tiempo mientras contaba los días que faltaban para quedar oficialmente libre.

Cuando llegaron los exámenes de mayo de mi último año, recuerdo que entré en una gran sala en la que había muchos chicos más y un maestro que nos dijo:

—Si hay alguien entre los presentes que no quiere examinarse, por favor, le ruego que salga y que deje que los que sí lo desean puedan hacer el examen con tranquilidad.

Fui el primero en levantarme, y mi decisión tuvo un efecto dominó porque, uno a uno, unos cuantos muchachos me imitaron hasta que los que nos marchamos de la sala acabamos siendo más o menos una docena. Cuando llegó el último día de curso, unas semanas más tarde, salí por la puerta sin calificación alguna. Sabía dibujar bastante bien, pero nada más. Sin embargo, no me importaba, estaba convencido de que mi vida empezaba de verdad en ese momento. A partir de entonces podía hacer lo que me apeteciera y estaba ansioso por ver lo que ocurriría a continuación.

Muchos de los chicos con los que crecí sentaron la cabeza y empezaron a tener hijos cuando aún eran muy jóvenes, un papel en el que yo no sabía verme. Ni siquiera había tenido novia y, por desgracia, cuando abandoné los estudios estaba tan gordo como antes de entrar en Barts, por lo que tenía pocas probabilidades de encontrar pareja a corto plazo. Creo que el sobrepeso me dio una tregua de un año como máximo, pero luego me aficioné a la hierba y empecé a comer a todas horas y a saltarme la dieta. Debido a mi aspecto, no tenía la seguridad necesaria para pedir a las chicas que salieran conmigo.

Muchos de los que dejaron la escuela encontraron trabajo en la industria de la confección de Clerkenwell, mientras que unos cuantos de mis colegas consiguieron colocación en una gran fábrica de calzado que estaba en Margery Street, encolando suelas de zapato. Yo no me veía en un empleo de ese tipo, odiaba la idea de hacer lo mismo una y otra vez cada día de la semana, pero de todos modos tampoco tenía ningún plan alternativo. Simplemente imaginaba que acabaría ocurriendo algo y que todo me saldría bien. Era un verdadero ingenuo.

Lo único que me apetecía hacer era quedar con mis amigos, escuchar música, fumar petardos y hacer el vago. Dot y Gerry tenían otros planes para mí. Odiaban verme holgazaneando por casa y empezaron a presionarme para que encontrara un empleo. Sin ningún tipo de calificación no resultaba nada fácil, por eso cuando Jimmy Dolan se ofreció a pasarme más trabajo de su empresa de muebles de oficina consintieron a regañadientes a que aceptara, aunque Dot me dejó muy claro que quería que consiguiera un «empleo de verdad» tan pronto como fuera posible.

Cuanto más tiempo pasaba con Jimmy, más llegué a comprender que era un tío honesto que parecía preocuparse por mí sinceramente. Llegué a considerarlo una especie de viejo amigo de la familia. Cuando me hizo esa oferta acepté de buena gana. Por lo menos me serviría para que Dot y Gerry me dejaran tranquilo.

Esa vez, Jimmy me encargó el «tarjeteo», es decir, pasear por la ciudad ofreciendo tarjetas con el texto: «Buenos precios en muebles de oficina nuevos y de ocasión». Al principio me encantaba el trabajo, sobre todo porque me permitía ganarme la vida; el único problema era la falta de estabilidad. Podía pasarme dos semanas trabajando y luego una en blanco. Durante esas jornadas sin trabajo fumaba más hierba que nunca porque podía permitirme comprar más cantidad. Me pasaba días enteros sentado en casa y durmiendo. De vez en cuando hacía flexiones y levantaba pesas —más que nada porque me sentía culpable—, y eso contribuyó a que parte de mi sobrepeso cambiara de lugar, aunque no lo suficiente. Dormir siempre me parecía más tentador que el ejercicio físico. Lo que no veía por aquel entonces era que estaba a punto de recibir un toque de atención importante.

10

Cuando tenía dieciocho años ingresé en una institución para delincuentes juveniles. Un amigo y yo nos dedicábamos a falsificar las firmas de libretas de ahorros robadas y sacábamos del banco cincuenta o cien libras de golpe. Al final nos pillaron, y a mí me encerraron seis meses por un delito de fraude.

Era el mes de diciembre de 1989; acababa de caer el Muro de Berlín y Nelson Mandela estaba a punto de ser liberado de Robben Island. Era consciente de mi suerte, pues vivía en un país libre y me juzgaron legalmente. Dot y Gerry apenas me miraron durante el juicio porque por entonces ya estaban hasta el gorro de mí.

Había oído que la estancia en Feltham sería muy dura, pero me consolé pensando que al menos no era una cárcel de adultos y que no pasaría mucho tiempo allí dentro. Yo no era más que un ladronzuelo cualquiera, no un matón violento ni nada de eso. La condena era breve y pronto podría dejar atrás aquel episodio tan lamentable y seguir viviendo tranquilamente.

Al final resultaron ser los seis meses más duros de mi existencia. Y lo digo hoy en día, cuando tengo cuarenta y dos años y he visto por dentro casi todas las prisiones del Gran Londres y unas cuantas más.

Las dificultades empezaron antes incluso de llegar a Feltham, cuando me llevaron desde el juzgado hasta una celda enorme de Lambeth, South London. Dentro se apretujaban unos cincuenta delincuentes juveniles de todo Londres y nada más verlos me di cuenta de que yo no tenía ni la mitad de tablas que creía tener. Algunos parecían verdaderos gánsteres; todo eran miradas maliciosas, músculos imponentes, cicatrices y rechinar de dientes. Podrían haberme estrangulado con una sola mano. Un chico asiático bastante voluminoso entró ataviado con un traje ostentoso y un bonito reloj. Al minuto siguiente, ocho jamaicanos saltaron sobre él, lo atacaron y le arrancaron el reloj de la muñeca mientras los policías que estaban fuera de la celda hacían la vista gorda. Eso no era más que un aperitivo de lo que me esperaba en Feltham; sabía que no sería nada agradable.

De la celda de Lambeth nos pasaron a una «sauna», un furgón con un montón de compartimentos menores con el que nos transportaron por la ciudad como si fuéramos ganado hasta algún lugar cerca de Heathrow. Si como yo creéis saber cómo son esas cosas por lo que habéis visto en películas como *Escoria*, con Ray Winstone, os equivocáis. La realidad es diez veces peor. Tenía la frente y las palmas de la mano empapadas en sudor y me pasé el trayecto entero muerto de miedo.

Tardamos cuarenta minutos en llegar y me estuve cagando encima durante todo el camino.

Cuando por fin estuvimos en la cárcel, nos condujeron a todos a una sala de espera adyacente en la que esperamos hasta que nos llamaron por el nombre. Los chicos se dedicaron a estudiarse los unos a los otros; la agresividad y la testosterona se percibían en el ambiente. Yo estaba más que superado por las circunstancias.

—¡John Dolan! —gritó un carcelero.

Tuve que salir de la sala adyacente y acercarme a un mostrador atendido por un agente. Le di mis datos y mi dirección, y luego se me llevaron a otra celda en la que tuve que entregar mis efectos personales y sustituir mi ropa por una tosca camiseta azul, unos pantalones de chándal y unos calzoncillos viejos y reciclados que debían de haber utilizado unos cincuenta presos antes que yo. Los calcetines eran gruesos, de lana, y si no te sudaban los pies, ni te olían, ni los tenías plagados de hongos o de pie de atleta, era solo porque todavía no los habías llevado el tiempo suficiente. Me dieron un juego de sábanas, un vaso de plástico y unos cubiertos antes de llevarme hasta la celda. Yo me mordía los labios a punto de romper a llorar, pero sabía que demostrar la más mínima emoción se consideraría una debilidad, y no podía permitirme que me vieran como un objetivo fácil en un lugar como aquel. Cuando llegué a la celda que me habían asignado en la planta baja, yo no era más que un número, un código de barras que estaba siendo procesado.

Enseguida descubrí que estaba rodeado de tíos que cumplían sentencia por asesinato y robo a mano armada. Eran hombres violentos de verdad y me aterrorizaba siquiera mirarlos. La única ocasión en la que había pasado algo de tiempo alejado de President House había sido con motivo de mi estancia en el hospital Barts, y no veía ningún sentido a que me obligaran a compartir celdas con tíos que habían cometido delitos mucho más graves que yo.

No tardé en adaptarme a la rutina y al ambiente, pero eso no convirtió la cárcel en un lugar más agradable. No me quitaba de la nariz el olor a desinfectante y tampoco conseguí acostumbrarme a la comida porque era de lo más asquerosa. Si te ponían patatas hervidas, lo más probable era que dos de las cuatro que te servían fueran comestibles y las otras dos duras como piedras. Nos daban de comer tres veces al día, pero nunca tenía hambre porque nunca me movía lo suficiente para abrir el apetito.

Los días pasaban muy despacio. No había televisor, y en la celda no tenía nada de nada. Lo único que teníamos como entretenimiento era una radio AM que me mandó Dot y los libros de la biblioteca. Como ya he explicado antes, yo llevaba cierto retraso en cuestiones como la lectura. No aprendí a leer hasta los diez años, cuando el director de la escuela primaria de Morland me cogió por banda a mí y a cinco chicos más que también se habían rezagado respecto al ritmo marcado por el sistema. Nos obligaba a quedarnos con él de tres a cuatro y media para darnos clase en su despacho. En la cárcel me convertí en un ávido lector, devoré todos los libros que tenía a mi alcance y pude disfrutar de innumerables historias bélicas, así como de docenas de autobiografías.

Mientras estuve en Feltham no cogí ni una sola vez el lápiz para dibujar, ni siquiera se me ocurrió hacerlo. Estar entre rejas te vacía la vida, y yo me quedé sin una gota de energía creativa.

Un día oí que empezaba una pelea de las gordas en la celda contigua y me preocupó lo que pudiera haber ocurrido al chaval que la ocupaba porque su compañero de celda era un gorila de cuidado. Pensé que habría quedado hecho papilla, pero cuando lo vi en la cola de la cena más tarde, me quedé tan asombrado como aliviado. Pregunté por lo que había pasado y descubrí a través de otro recluso lo que había sucedido.

—Un carcelero quería el Rolex del tío más ganso —me explicó—. El chaval se ofreció para quitárselo a cambio de que hiciera la vista gorda y le diera quince pavos de costo.

Esa noche no vi al grandote. Seguramente la pasó en la enfermería. Podías conseguir cannabis allí dentro si sabías cómo, pero yo había decidido no complicarme todavía más la vida, por lo que lo dejé durante un tiempo, algo que no me resultó difícil en cuanto me hube acostumbrado a prescindir de ello. No obstante, recuerdo que me sorprendió descubrir que, en realidad, algunos de los carceleros eran los camellos que pasaban el cannabis, lo que demuestra lo ingenuo que era yo por aquel entonces.

Uno de mis compañeros de celda era un español que solo chapurreaba el inglés y que me pareció bastante respetable cuando lo conocí. Sin embargo, eso no significaba gran cosa; estaba aprendiendo a marchas forzadas que en la cárcel todo era posible y que no se debía juzgar nada ni a nadie por su aspecto.

—¿Por qué te han encerrado? —me preguntó.

—Por fraude. Seis meses por utilizar libretas de ahorros robadas.

Pareció aliviado, pero también un poco receloso.

—¿Seguro? ¿Eso es todo?

—Sí, ya lo sé. ¿Y tú?

Yo siempre recelaba porque solían contar solo la mitad, pero ese tío no solo no se calló nada sino que, de hecho, parecía bastante orgulloso del delito que había cometido. Me mostró su hoja de cargos, la única manera que había de saber con certeza que alguien estaba diciendo la verdad, y me dijo que había hecho volar por los aires a alguien en un atentado terrorista de ETA.

—Esa es nueva, todavía no la había oído —dije mientras intentaba no demostrar el impacto que me había causado. Ahí se terminó la conversación sobre el tema.

A medida que pasaron los días, hablamos de todo tipo de cosas: música, libros y lo que haríamos en cuanto saliéramos de allí. Me pareció un buen compañero de verdad, prefería compartir la celda con él que con alguien al que hubieran encerrado por apuñalar o agredir a alguien de forma inesperada como tantos otros de los reclusos. Me sentía seguro con él, solo tenía que intentar no sacar el tema de la independencia de los vascos de ningún modo, algo que, curiosamente, ni siquiera me pasó por la cabeza.

Más de una noche se oía jaleo por el pasillo y al día siguiente descubríamos que algún pobre chico había intentado cortarse las venas o colgarse, o que su compañero de celda lo había molido a palos. Nunca dormí bien allí dentro. Creo que habría sobado más tranquilo en la jaula de los leones del zoo de Londres.

Se me llevaron en otra sauna para que terminara mi condena en la cárcel de Rochester, en Kent, un sitio mucho peor que Feltham y sobre el que preferiría no hablar. Guardo malos recuerdos de ese lugar. Cuando por fin devolví la ropa de preso y los calcetines malolientes, me dije que no quería volver a tener problemas con la justicia nunca más.

En ese sentido, la condena había cumplido su objetivo, o eso parecía. Estaba decidido a no apartarme del camino correcto nunca más para no tener que regresar a una cárcel jamás. Salí de chirona en el verano de 1990 con un sincero sentimiento de gratitud por la libertad de la que gozaba y con auténticas esperanzas de poder empezar por fin el resto de vida que me quedara por vivir.

11

A veces observo a George y desearía ser un perro. Se sienta sin que le importe nada en el mundo, rascándose las pelotas y mirándome con ironía, como diciendo: «Qué vida más dura, ¿eh?». Mientras tanto, yo no paro de dibujar, de cumplir encargos y empezar nuevos proyectos, de escribir este libro y prepararme para la próxima exposición.

—¡Qué sabrás tú lo que es una vida dura! —le digo a George, que no me quita los ojos de encima ni un solo momento.

Me parece increíble que se pase el rato mirándome fijamente, como si estuviera vigilando algo valioso. Hay cierta preocupación en esa mirada, como si creyera que estoy a punto de derrumbarme.

Sabe que no insinúo que él lo haya tenido fácil, porque en su momento me enteré de lo que había sufrido y resultó que había tenido un pasado tan turbulento como el mío.

Llevábamos viviendo nueve meses juntos en esa habitación de Royal Mint Street y seguía sorprendiéndome cada día con algo nuevo. Quería asegurarme de que no volvería a cruzar las calles a lo loco ni a perseguir gatos, por lo que continué adiestrándolo durante los largos paseos que dábamos cada día. Aprendía de forma natural, y un incidente en concreto me animó a presionarlo un poco más. Llevábamos unas cuantas semanas caminando ya sin correa. No era la situación ideal, pero tal como tenía el tobillo me costaba mucho mantener a George atado sin perder el equilibrio sobre las muletas, por lo que terminé dejando la cadena en casa. Acabábamos de salir del piso y él caminaba unos cuantos metros por delante de mí. Cuando doblamos la esquina, dos agentes de la policía metropolitana nos pararon con cara de pocos amigos.

—Caballero, tiene que llevar al perro atado —dijo uno de ellos con severidad—. Es demasiado peligroso para ir suelto por ahí. Si no puede llevarlo atado, tendremos que quitárselo, ¿entendido?

Lo entendía, pero no tenía opción. No podía andar y sujetar la correa de George al mismo tiempo. Era imposible.

Al día siguiente volvimos a salir y me fijé bien en si veía cerca algún agente mientras intentaba mantener a George cerca de mí en la medida de lo posible. Sin embargo, en cuanto nos acercamos al parque, George salió pitando, como de costumbre. En ese momento, a través de un paso subterráneo que estaba más abajo en la misma calle, vi las chaquetas reflectantes de color amarillo de los agentes y supe que estaba a punto de meterme en problemas. Avanzaban hacia nosotros, y fui consciente de que no dudarían en quitarme a George. No había visto hacia dónde había huido, por lo que entré en pánico mientras lo llamaba por el nombre sin atreverme a levantar demasiado la voz. Noté que algo me rozaba la pierna y me di cuenta de que George se había acercado con disimulo y que seguía andando pegado a mí. No había podido ver por dónde había venido y no estoy seguro de que hubiera oído cómo lo llamaba, pero fue como si supiera que tenía que volver justo en ese momento. De repente empezamos a andar de forma sincronizada y, tal como llevaba las muletas, casi parecía que lo llevaba atado. Cuando nos cruzamos con los polis los saludé con un leve movimiento de cabeza y un «buenos días». En cuanto los hubimos dejado atrás y los perdimos de vista, George se echó a correr de nuevo hacia el parque. Lo único que vi fue que iba con la lengua fuera mientras corría cada vez más rápido.

Después de eso, aumenté el ritmo del adiestramiento a la vez que lo convertía en un juego. La primera lección consistió en enseñarle a sentarse sobre la acera y a quedarse quieto hasta que se lo indicaba. Seguía siendo un perro muy nervioso e inquieto, pero cada vez pasábamos más tiempo juntos en la calle y necesitaba que fuera capaz de aguantar sentado. Si movía un solo músculo sin que se lo dijera, golpeaba el suelo con una muleta y gritaba con voz furiosa para que recordara lo que ocurría cuando no se portaba bien. En cuanto lo tuve controlado, decidí ponerlo a prueba. Lo llevé hasta un semáforo y le ordené que se sentara en la acera. Cuando le dije que se moviera con mi voz normal, echó a andar a mi lado. Cuando llegamos a la isleta que estaba en medio de la calle, le di la nueva orden de quedarse sentado, con firmeza. Lo repetimos diez veces hacia delante y hacia atrás, cruzando la calle por el mismo paso de peatones. No me importaba lo más mínimo lo que pensaran el resto de los viandantes. George aprendía muy rápido, y parecía realmente predispuesto a escuchar y a aprender.

La disciplina que le impartí empezó a dar sus frutos y no pasó mucho tiempo hasta que empezó a aflorar su verdadero carácter. Desapareció el George tímido y nervioso, que dio paso a un animal orgulloso, enérgico y con un brillo rutilante en los ojos. Su felicidad era la mía.

Un día estaba en Tower Gateway y un policía joven se me acercó para leerme la cartilla. Ese es uno de los riesgos que tiene mendigar en la calle. Se supone que está prohibido y, aunque muchos agentes se limitan a pedirte que te marches y nada más, siempre te encuentras con uno u otro que te amenaza con una orden de dispersión si no obedeces. De inmediato, George empezó a gruñir al poli y a mostrarle los dientes.

«Puto tiquismiquis», estaba pensando yo.

«Me has quitado las palabras de la boca», me decía la mirada de George. Cuando por fin el policía se alejó con mis promesas de no volver por allí resonando en los oídos, di una palmada cariñosa en el costado a George.

—Una palmada si te portas así de bien. Pero te daré dos si te portas mal.

Tuve que enseñarle a no gruñir a la gente, especialmente a la bofia, pero al mismo tiempo me encantó que se hubiera comportado de aquel modo. Eso me demostraba que se sentía lo suficientemente apegado a mí para querer protegerme.

Los jueves y los viernes por la tarde empecé a pedir limosna con George en Bishopgate, cerca de un pub llamado Dirty Dicks. Era un sitio muy animado y concurrido, pero a esas alturas tener a George ya era una ventaja y no un estorbo cuando había gentío. Se quedaba como una estatua incluso cuando pasaban los perros policía de Bishopsgate. La gente me preguntaba si podían acariciarlo, y nueve de cada diez veces eran ellos los que empezaban la conversación, lo que convertía en mucho más agradable la tarea de mendigar.

—¿De dónde lo has sacado? —me preguntaban algunas personas mientras le acariciaban la cabeza—. ¿Cuánto tiempo hace que lo tienes? ¿Cómo se llama?

Yo me ponía a charlar encantado y ellos siempre me dejaban unas monedas antes de despedirse. Solían aclarar que el dinero era para George, pero a mí no me importaba. Era para los dos.

Unos meses más tarde estaba pidiendo limosna frente a una estación de servicio del East End con George sentado a mi lado. Por aquel entonces ya estaba muy bien entrenado y yo solo tenía que levantar la voz y gritar: «George, ni te atrevas» para que se quedara sentado a mi lado muy sumiso. En aquella época ya estaba siempre pendiente de cualquier orden que pudiera darle.

—Eh, colega, ¿ese es George? —oí decir a alguien con una voz pastosa y con acento escocés. A pesar de que no la había oído hasta el momento, tuve la sensación de reconocerla, por lo que me puse en guardia de inmediato y agarré el collar de George—. Ese perro era mío. ¿Sería posible que lo recuperara... de algún modo?

No podía creer lo que estaba oyendo.

—¿Qué has dicho?

—He dicho que ese perro era mío...

—Él no volverá contigo —lo interrumpí—. Lo vendiste por el precio de una lata de cerveza, ¿recuerdas? O sea, que hazme un favor: ¡vete a la mierda!

Le dediqué mi peor mirada de tipo duro, esa clase de miradas que tantas veces había podido ver en la cárcel, e intenté que no me fallara la voz. Noté que nos estábamos metiendo en problemas.

Esa vez se acercó directamente a George.

—George, chico, ¿me reconoces? ¿Reconoces a tu papito? ¿Quieres venir a pasar unos días con tu viejo tío Chick?

A esas alturas ya me bullía la sangre, pero intenté controlarme.

—Nada de eso, tío. Ahora es mi perro. Te lo vendiste, así que date el piro y no te molestes en volver.

Sin embargo, George no reaccionó al «viejo tío Chick» en absoluto. Se quedó sentado, muy quieto, obedeciendo a mi orden. Incluso parecía algo apático. Habría sido difícil adivinar lo que debía de estar pensando.

—Se acuerda de mí —afirmó el escocés con cierta desesperación—. Míralo, se acuerda de su papito, ¿verdad, George?

—Ahora está bien adiestrado, eso es todo —dije—. Ahora es mi perro, tío, yo le he enseñado cómo debe comportarse.

Hazte un favor y desaparece. ¿Me oyes? No quiero volver a verte en mi vida.

—Vale, colega —dijo al fin, aunque no acabé de fiarme de él.

Poco después de nuestro encontronazo, corrió la voz de que el escocés pensaba robarme a George. Cuando me enteré, se me revolvieron las tripas. La idea de perderlo fue demasiado para mí y me mantuve alerta en todo momento por si el escocés volvía a presentarse. Siempre que íbamos a pasear mantenía a George muy cerca de mí y miraba a mi alrededor para asegurarme de que no nos seguía nadie. Soy de esa clase de personas que tienden a obsesionarse con ciertas cosas, y por las noches me despertaba con ataques de pánico, pensando que se habían llevado a mi perro. Cuando veía que estaba durmiendo acurrucado junto a mis piernas o echado a mis pies, me sentía como si me hubiera tocado la lotería. Por aquel entonces ya le tenía mucho aprecio y no podía imaginar la vida sin él.

—Tranquilo, chico, conmigo estarás bien —le decía—. Yo te cuidaré.

Estaba dispuesto a protegerlo hasta el final. Así es como me sentía.

Prometí a George que la próxima vez que viéramos al viejo Chick sería la última. Y no tardé en tener que cumplir mi promesa.

Una tarde estábamos sentados en nuestro sitio habitual cerca de la estación de metro de Tower Hill cuando se nos acercó sin que nos diéramos cuenta.

—¿Cómo está el viejo George? —empezó a decir, pero yo no estaba dispuesto a escuchar ni una palabra más.

—Oye, tío, a ver si te queda claro. Tengo un bate de béisbol con tu nombre escrito a lo largo, de lado, del derecho y del revés. Si te vuelvo a ver tendré que utilizarlo. ¿Entiendes lo que quiero decir o tendré que enseñarte a leer?

—Vale, colega...

—¿Estás seguro que me has comprendido? —repetí con más calma de la que sentía realmente por dentro.

—Que sí, colega, que el perro es tuyo.

Dicho esto, rascó la barbilla a George y se marchó. Por suerte, no hemos vuelto a saber nada del viejo tío Chick.

Mientras escribo esto hay algo que sigue desconcertándome: la reacción que tuvo George al verlo. Si no supieras nada, pensarías que ha tenido una vida plácida. Sin embargo, algo me decía que George no había sido tan afortunado, que lo había pasado mal en algún momento. Todavía tuve que esperar unos meses antes de conocer el verdadero pasado de George. Un día, mientras caminaba por Columbia Road un tipo nos vio al salir de una tienda y se detuvo a hablar con nosotros. Me dio la impresión de que conocía al perro.

—Apuesto a que se llama George —dijo mientras me tendía la mano—. Por cierto, yo me llamo Fred. Encantado de conocerte.

George no hizo nada que pudiera indicarme que se acordaba de él, pero Fred parecía un tipo simpático y nada peligroso. Yo tenía ganas de saber de qué conocía a George.

—Lo crié yo —me explicó Fred—. Engendró una camada de cachorros, pero la madre no lo quería cerca. Cada vez que se aproximaba, la perra lo atacaba. Así es como se llevó esa marca de la oreja.

En ese momento me di cuenta de que Fred estaba siendo completamente sincero, porque la muesca que George tiene en la oreja no es muy evidente y no podía saber que la tenía sin haberla visto antes. Fue emocionante enterarme de más cosas acerca de mi perro. Me había ayudado mucho y, sin embargo, me daba la sensación de que me conocía mejor que yo a él. Al mismo tiempo, noté que empezaba a angustiarme, más que nada por si a Fred se le ocurría intentar reclamar a George. Siguió contándome que su hija le había pedido un cachorro, pero que él no quiso darle ninguno de los que formaban la camada de George, puesto que la hija tenía problemas con las drogas y sabía que se limitaría a vender al perrito para conseguir dinero. En lugar de eso, había decidido regalarle a George, ya que al fin y al cabo la hembra lo estaba tratando mal.

—¿Y qué pasó después? —pregunté.

—No lo sé. He tenido dos Staffordshire más, los dos desaparecieron mientras perseguían a un zorro y jamás regresaron, pero no creo que fuera eso lo que le ocurrió a George. Un día fui a ver a mi hija y él ya no estaba. Ella no quiso explicarme lo que había ocurrido realmente, pero supongo que lo vendió para conseguir más drogas.

Aquello explicaba muchas cosas acerca de George. Por qué se había mostrado tan nervioso al principio y tan leal en cuanto empecé a adiestrarlo como es debido. Por lo que sabía hasta el momento, había tenido al menos tres propietarios antes de que se lo quedaran Becky y Sam, y ninguno de ellos lo habían tratado bien. Todos los perros establecen un estrecho vínculo con la persona que los cuida y resulta muy duro que eso se rompa continuamente, sobre todo para un animal joven como George. Si encima no está adiestrado y no se le han impuesto reglas, eso todavía justifica más aún su inseguridad.

Por eso siempre que me burlo de George diciendo que es un vago que no sirve para nada y que se pega la gran vida, lo digo con ironía. Su vida fue muy dura al principio. Los dos sabíamos lo que se sentía estando solo, rechazado y desubicado. Creo que nos comprendíamos el uno al otro.

—¿Pretendes recuperarlo? —pregunté a Fred con un nudo en la garganta.

Tuve la sensación de que había sido sincero conmigo y quise saber qué estaba pensando.

—No, ni soñarlo, tío. Tiene buen aspecto, ya veo que está bien adiestrado y bien alimentado. Quédatelo, te lo mereces.

—¡Me alegro de oírlo! —le dije—. Es lo único que he deseado en mi vida.

—Capullo sentimental... —Eso no lo respondió Fred sino George, que me miraba como si me faltara un tornillo.

12

No puedes volver a vivir aquí —me soltó Gerry.

Me lo dijo mirándome fijamente a los ojos para dejar claro que no estaba bromeando. Yo acababa de salir de la cárcel con mis pertenencias en una bolsa de plástico y había tomado un tren para plantarme en President House. Sabía que Dot y Gerry no me recibirían precisamente con los brazos abiertos, pero tampoco esperaba que me dieran la espalda de ese modo. Entre los dos habían venido a verme varias veces durante mi ausencia y en ninguna ocasión me dijeron que no podría regresar a casa.

—¿Mamá está dentro? —dije mientras el pánico crecía en mi pecho.

—¡Dorothy! John está en la puerta.

Gerry no se apartó del umbral para dejar claro que no era bienvenido y Dot apareció tras él, secándose las manos en el delantal, hecha un manojo de nervios. Enseguida me di cuenta de que se pondría del lado de Gerry. Noté que se me helaba la sangre por momentos.

—Lo siento, John, pero tu padre tiene razón, no puedes quedarte aquí. No es posible…

Dot estaba destrozada e incluso Gerry parecía un poco alterado tras aquella mirada gélida que se esforzaba en mantener.

—Bueno, ¿y qué se supone que debo hacer? No tengo ningún otro sitio al que acudir.

—Pues eso deberías haberlo pensado antes de ganarte la cárcel —me espetó Gerry—. No puedes decir que no te lo advertí lo suficiente. ¿Cuántas veces te previne de que te quedarías de patitas en la calle si no te centrabas?

—Gordo mamón —le solté.

Nunca lo había llamado de ese modo hasta entonces. Gerry se quedó lívido.

—¡Que te den por culo! No vuelvas por aquí, pedazo de cabrón desagradecido —me respondió.

Unos cuantos vecinos oyeron la discusión y salieron al rellano para ver lo que ocurría. La pobre Dot no sabía qué hacer. Yo no quería ponérselo más difícil todavía.

—Muy bien, si eso es lo que queréis —les espeté—. Ya nos veremos.

Me di la vuelta y mientras me alejaba oí el portazo a mi espalda. El nudo que tenía en la garganta apenas me dejaba respirar, parecía que me estuvieran estrangulando. Crucé el pasillo y bajé la escalera con lágrimas en los ojos; me marchaba del que había sido mi hogar durante toda mi infancia.

Necesitaba un sitio para pasar la noche. Pensé en pedir ayuda a Jackie, Malcolm o David, pero el instinto me decía que lo mejor sería dejarlos al margen del asunto. Todos estaban casados, y llevaban una vida estable y feliz. Ya les había causado suficientes problemas para toda una vida, y aparecer frente a su portal para pedirles que me dejaran pasar la noche me pareció demasiado. Respecto a la posibilidad de llamar a la puerta de mis amigos, preferí no hacerlo. Como ya he explicado antes, no me educaron para ir pidiendo limosna.

Caminé por el barrio algo aturdido durante un rato, luego subí al primer autobús que apareció y resultó que se dirigía al West End. Me senté en la parte de abajo, llorando sin parar. No me importó lo más mínimo que alguien pudiera verme. Una anciana me oyó sollozar y me dedicó una mirada llena de compasión que me hizo sentir todavía peor. Gimoteaba como un bebé frente a la gente que abarrotaba el autobús. No me fijé en el trayecto e ignoré todas las paradas porque tampoco tenía ningún destino en mente. Poco a poco empecé a tomar conciencia de que me había quedado sin casa; fue un golpe muy duro. Tenía diecinueve años, acababa de salir de la cárcel y no tenía ni un puto techo bajo el que cobijarme.

Subí al siguiente autobús, repetí el trayecto en sentido contrario y bajé en King's Cross porque había visto a un montón de indigentes por la zona. No tenía ningún plan, simplemente me sentía más solo que la una y me apetecía tener algún contacto con otros seres humanos. Un tipo vio el estado en el que me encontraba y se acercó a hablar conmigo.

—¿Cuántos años tienes? —me preguntó.

Cuando le contesté que tenía diecinueve años, me dijo que debería ir a un lugar llamado Alone in London (solo en Londres), que estaba en Pentonville Road y se dedicaba especialmente a atender a adolescentes como yo.

—Te acompañaré hasta allí, si quieres.

—Ya iré yo solo —respondí.

—No me importa enseñarte dónde está. No tengo nada más que hacer.

Me di cuenta de que el tipo era sincero. Durante el tiempo que había pasado encerrado había aprendido a detectar a los pajarracos sospechosos y aquel hombre no lo era. Solo intentaba ayudar a alguien que lo necesitaba, un comportamiento típico de mucha gente sin hogar que sabe perfectamente lo que significa estar en el fondo del pozo.

Las palabras Alone in London estaban escritas en el rótulo con letras azules sobre un fondo negro, salpicado de estrellas y lunas. Con solo verlo ya me deprimí.

—Muy bien, tío, me quedo aquí —dije al tipo—. Gracias por echarme una mano.

—Ningún problema. Buena suerte, chico. Ya verás como todo va bien —me consoló antes de marcharse.

Cuando me quedé solo frente al portal, me sentí incapaz de dar un paso. Simplemente no podía entrar. No estaba tan desesperado, todavía no. Tenía que haber alguna opción mejor.

Me tragué el orgullo y acabé durmiendo en casa de unos amigos durante una semana, más o menos. Creo recordar que les hice creer que volvería a President House en cuanto Gerry se hubiera calmado, aunque sabía que eso no sucedería. Me negaba a admitir lo mucho que había fallado a todo el mundo, empezando por mí mismo.

Esa primera noche tal vez la pasaría sin hogar, pero no era algo permanente y no tenía que ir por ahí con un rótulo sobre la cabeza que le contara a todo el mundo lo que había ocurrido. Podría revertir la situación en poco tiempo, me convencí de ello porque era lo que quería creer en esos momentos. Confiaba en que encontraría trabajo y un piso en el que vivir. Ese era mi plan.

Unos días más tarde fui a ver a Jimmy Dolan para pedirle curro, puesto que se había portado muy bien conmigo en el pasado y pensé que sería el mejor lugar para empezar. Cuando Jimmy vio el estado en el que me encontraba, me vi obligado a admitir que Gerry me había echado y le conté que había estado durmiendo en casa de algunos amigos. Jimmy no solo me ofreció trabajo en la tienda de muebles sino que además me ayudó a encontrar un sitio en el que alojarme.

—Ya sabes que te dejaría vivir en casa, John, pero tampoco estaría bien, por la familia y todo eso… —me dijo.

Sin embargo, agradecí que al menos hubiera pensado en ello. Su esposa y sus hijos apenas me conocían y no habría querido aprovecharme de ellos de ese modo.

Jimmy me acompañó en coche hasta Centrepoint, un hogar de caridad que estaba en Shaftesbury Avenue. Subimos por una vieja escalera de hierro forjado cubierta de cagadas de pájaro y que apestaba de lo lindo. Crucé el umbral y vi que el espacio interior no tenía tabiques. Había unos cuantos sofás, un televisor viejo, una tetera y chicos por todas partes, charlando, jugando al ajedrez o a las cartas. Me sorprendió ver lo relajados y contentos que parecían estar. Yo, en cambio, no podía sentirme más desolado por el hecho de encontrarme allí.

Antes de marcharse, Jimmy me dijo que Centrepoint solo me sacaría del apuro por una noche, dos como máximo, y quedamos que me acompañaría al ayuntamiento de Islington por la mañana. Jimmy estaba seguro de que en cuanto les hubiéramos explicado la situación nos ofrecerían la ayuda necesaria.

Durante la primera noche en Centrepoint lloré delante de todo el mundo. Eso es lo que más recuerdo de ese lugar. Recuerdo que me acosté en una cama muy pequeña, deseando regresar a casa y jugar con Butch o simplemente ver la tele; llevar una vida normal.

Allí tenía la sensación de estar fuera de la realidad, incluso después de haber pasado por Feltham. Era como si todo aquello le estuviera ocurriendo a otra persona.

Jimmy pasó a recogerme en coche por la mañana y también al día siguiente. Estuvimos recorriendo todo tipo de servicios de alojamiento, de un lado para otro, hasta que al final, después de guardar cola durante horas en un sitio, me dieron la dirección de un *bed & breakfast* en King's Cross para que pudiera alojarme de forma temporal a costa del consistorio.

—¿Puede entrar en la lista para conseguir una vivienda social? —preguntó Jimmy.

La mujer que estaba tras el mostrador prácticamente se tronchó de risa en nuestra cara.

—Poder, puede, pero la lista de espera es de siete años. A menos que se quede embarazado, claro —bromeó—. En ese caso podría saltarse la cola.

El comentario no nos hizo gracia a ninguno de los dos.

El *bed & breakfast* estaba en el arco que forma el barrio rojo de King's Cross y era un cuchitril de mala muerte, pero le dije a Jimmy, también para convencerme a mí mismo, que no pasaría mucho tiempo allí y que pronto encontraría algo mejor. Había cucarachas en el baño que compartía con siete personas más y mi compañero de habitación era un cuarentón que apestaba a sudor. No era precisamente el paraíso.

No tardé en descubrir que la gente que regentaba aquella especie de hotel sería con diferencia la peor parte de esa experiencia. El ayuntamiento pagaba centenares de libras cada semana a propietarios como ellos por cada persona alojada, por lo que les interesaba tener cuantas más mejor. Sin embargo, trataban a los «huéspedes» como si fueran escoria, imponían las normas de la casa con vara de hierro y recurrían a cualquier truco imaginable para intentar estafarte hasta el último penique. Una mañana a la hora del desayuno, una propietaria grecochipriota que tuve la mala fortuna de conocer nos hizo formar a mí y a nueve huéspedes más como si tuviéramos delante a un pelotón de ejecución. A continuación recorrió la fila para hablar con cada uno de nosotros.

—¡Tenéis que pagar el impuesto comunitario! —nos exigió a pesar de que no tenía derecho a pedir dinero extra, puesto que el alquiler que le pagaba el consistorio incluía ese cargo.

Discutimos como locos aquella exigencia, pero al final echó a todos los que no pasaron por el aro, incluido a mí. Me ocurrieron cosas parecidas en muchos otros hostales y, por desgracia, tuve la ocasión de visitar una larga lista de cuchitriles parecidos durante esa época de mi vida.

Aunque los propietarios no fueran tan tiranos, de todos modos te daban una patada en el trasero a las diez de la mañana, normalmente después de haberte endosado un huevo grasiento y una salchicha gomosa para desayunar. Acostumbraban no dejarte entrar de nuevo hasta las ocho de la noche, lo que significaba que tenías que pasar un montón de horas en la calle; los días se hacían muy largos. La mayoría de las veces yo salía a trabajar con Jimmy, pero él tampoco me necesitaba a tiempo completo. Siempre me daba unos pavos, lo que llevaba encima, y en muchas ocasiones yo acababa pasando la mitad del día sentado por ahí, fumando hierba. Volvía a consumir a diario, y aquello me bastaba para pasar el rato.

Si no curraba para Jimmy, buscaba otras maneras de entretenerme. Por los días en los que solía hacer novillos, sabía que no es fácil pasar el tiempo distraído en la calle con tan poco dinero en el bolsillo. En ocasiones compraba una tarjeta de transporte diaria y estaba horas y horas dando vueltas por Circle Line simplemente para ver pasar la vida ante mis ojos; otras veces entraba en el Museo Británico y vagaba de exposición en exposición. Cualquier cosa, vaya. Había días en los que subía a un autobús hasta Parliament Hill Fields, donde me sentaba en algún banco pensando en cómo mi vida había llegado a ese punto.

Esa época fue increíblemente solitaria para mí. Un día reuní el coraje necesario para visitar a Dot y a Gerry; debían de haber transcurrido unos tres meses desde la última vez. Yo seguía muy enfadado con mi padre por haberme echado de casa, pero tampoco quería perder el contacto con ellos definitivamente. Eso habría sido demasiado con todo lo que me estaba pasando.

—Tranquila, solo he venido a veros —solté a Dot en cuanto me abrió la puerta—. Ya puedes decir a ese viejo cabrón que no me quedaré.

Mi madre me dejó entrar, me aseguró que estaba contenta de verme y me preguntó cómo me iban las cosas. Gerry se negó a dirigirme la palabra, se limitó a saludarme y nada más. Yo hice de tripas corazón y les conté que trabajaba en la tienda de muebles de Jimmy y que tenía un techo bajo el que cobijarme. No creo que entrara en detalles al respecto ni que les explicara que se trataba de un techo distinto cada dos por tres y que la posibilidad de establecerme en un mismo lugar todavía era muy lejana para mí.

—Me alegro de que tengas tu propio espacio —dijo Dot—. Por cierto, he vaciado tu habitación. No he guardado nada por-

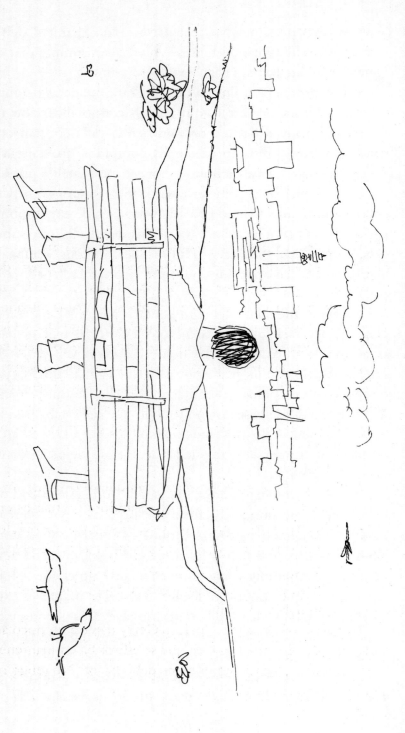

Desde Parliament Hill Fields hay una vista preciosa de Londres. Allí me sentaba durante horas, sumido en mis cavilaciones.

que de todos modos la ropa que tenías no te iría bien. Echa un vistazo, si quieres.

No me molesté en hacerlo. ¿Qué sentido habría tenido? Aunque Dot hubiera guardado algo que yo hubiera querido —como algunos de mis dibujos de la infancia— tampoco iba a llevarme a cuestas una mochila con mis viejas cosas para cargar con ellas por Londres.

Tanto mi madre como mi padre empezaron a sufrir problemas de salud durante esa época, otro motivo por el que no quería estar mucho tiempo sin verlos. A Dot le habían diagnosticado un cáncer varios años antes, aunque se había esforzado en restarle importancia y durante mucho tiempo nadie habría dicho que estaba enferma. Tenía lo que en la familia se conocía como «problemas en el piso de abajo», es decir, cáncer de ovarios. Ella nunca sacaba el tema ni hablaba de su tratamiento. O eso, o me había pillado demasiado joven para que me diera cuenta de lo que llegó a sufrir cuando se lo diagnosticaron. En cualquier caso esos días no hacía más que entrar y salir del hospital, y por primera vez parecía enferma de verdad. Tenía el rostro demacrado y estaba mucho más delgada que la última vez que la había visto. Me preocupaba.

—¿Cómo te encuentras? —le pregunté.

—Nada mal —dijo—. Pero tampoco es que esté bien, John.

Me miró fijamente a los ojos cuando me lo contó, puso un empeño especial para que me llegara el mensaje. No añadió nada más, pero era evidente que su estado era grave.

Gerry también se encontraba mal. Con los años se había vuelto asmático y le costaba tanto respirar que había tenido que dejar el trabajo. Todavía no había cumplido cincuenta años, pero a partir de ese momento pasaba la mayor parte del tiempo vegetando en el sofá. De vez en cuando se tomaba una botella de sidra o de Guinness, pero casi siempre se limitaba a repanchigarse delante del televisor bebiendo litros y litros de té o botellas familiares de Coca-Cola y otros refrescos. Prácticamente no salía más que para ir al médico y ni siquiera sacaba a pasear a Butch cuando no había nadie más para hacerlo. Gerry era uno de esos hombres que nunca iba al médico a menos que no tuviera alternativa, pero David lo vio tan mal un día, tosiendo y resollando, que llamó a una ambulancia. Resultó que Gerry tenía los riñones dañados y el tratamiento de diálisis al que tuvo que someterse lo volvió todavía más gruñón y cascarrabias de lo que ya era. Cuando me miró lo hizo con los ojos llenos de resentimiento.

—No necesitamos más problemas —me advirtió cuando salí del piso aquel día.

No me quedé mucho rato. La tarde era templada y fui a sentarme en un banco del parque de King Square. Cuando miré a mi alrededor y vi lo que había sido mi territorio, vinieron a mi mente los días en los que jugaba al escondite y al tú la llevas, pero al mismo tiempo tuve la sensación de que había pasado mucho tiempo. Ya era un adulto, vivía en el mundo real y estaba descubriendo lo dura que podía llegar a ser la vida.

No encontraba la energía ni la motivación necesarias para volver al hostal, por lo que me tendí en el banco con la chaqueta bajo la cabeza y me eché a dormir. No era un lugar muy cómodo, pero la noche estaba despejada y al menos podía contemplar las estrellas. Lo mejor de todo era que no había ninguna bruja pegándome la bronca ni viejos malolientes roncando en la cama contigua.

A la mañana siguiente decidí que el hostal no era para mí y que sería mejor dormir al raso. Sin embargo, es evidente que no quería hacerlo en mi antiguo vecindario. No deseaba que mis amigos de toda la vida me vieran en aquel estado. Ya había pasado por la cárcel cuando ellos conseguían sus primeros empleos o se establecían con sus parejas y, por si fuera poco, a esas alturas ni siquiera tenía un lugar que pudiera considerar mi hogar. Aquello me daba mucha vergüenza y, por encima de todo, no me veía capaz de volver a relacionarme con los que habían sido colegas míos, y es que la vida nos había llevado por derroteros muy distintos. Más o menos fueron los mismos motivos los que hicieron que siguiera sin acercarme a Jackie, Malcolm y David. Ya había demostrado ser el hermano pequeño obstinado y caprichoso. Recuperaría el contacto con ellos cuando me hubiera levantado del fango y tuviera algo de lo que sentirme orgulloso, puesto que era una posibilidad que no veía tan lejana.

Más tarde ese mismo día fui a dar una vuelta para ver si daba con un buen lugar para dormir donde nadie pudiera verme ni encontrarme y al final hallé el sitio perfecto. Había un viejo Volvo familiar abandonado en la parte trasera de un complejo residencial de Commercial Street, por lo que me metí en él para pasar la noche.

Igual que en el banco del parque, me consolaba pensar que no tendría que aguantar a los propietarios del hostal. La parte negativa era que no podría desayunar para afrontar el día con garantías. A la mañana siguiente robé un bocadillo de Safeway y poco tiempo después me acostumbré a levantarme muy temprano con la esperanza de poder sisar algo de comida de los repartos a los negocios locales.

Había una fábrica cerca de Euston Road, a la altura del Shaw Theatre, y reparé en que los suministros de la cantina llegaban de madrugada. Me dejaba caer por allí cuando descargaban los carritos de las camionetas y robaba un cartón de leche y un par de cruasanes mientras los repartidores rodeaban los vehículos. Con el tiempo, esos pequeños hurtos se convirtieron en una práctica habitual para mí. Cuando empezaba a tener el calzado hecho polvo, entraba en Marks & Spencer de Oxford Street y me probaba un par. Era la única tienda que conocía que tenía expuestos tanto el zapato izquierdo como el derecho, y en esa época ni siquiera llevaban etiquetas. Simplemente salía con los zapatos nuevos y dejaba las zapatillas desgastadas en la tienda. Hacía lo mismo en Gap con los jerséis y las chaquetas, y luego iba a McDonald's o a Wimpy y me gastaba el poco dinero que hubiera ganado trabajando con Jimmy Dolan para tomarme una taza de té. Me quedaba allí tanto tiempo como podía, hasta que el personal empezaba a mirarme mal para hacerme saber que había prolongado demasiado mi visita.

Dormí en el Volvo durante unos meses, hasta que llegó el invierno y empezó a preocuparme la posibilidad de morir congelado por la noche. Sin embargo, conseguí unas mantas y abrigos para quedarme tanto tiempo como pudiera. Seguía pareciéndome un lugar lujoso comparado con los hostales, por extraño que resulte.

No quería renunciar a mi intimidad. Ya había conocido a otros indigentes como yo en la estación de King's Cross porque solía ir por allí cuando me sentía muy solo. Estar con gente que se encontraba en la misma situación que yo siempre me consoló un poco. Recuerdo que en una ocasión estaba en una cafetería de la zona cuando oímos que se armaba un barullo de alegría por la estación.

—¿Qué pasa? —pregunté a otro indigente que estaba sentado conmigo.

—No lo sé, tío. Vamos a ver si nos enteramos.

Era el día 23 de noviembre de 1990. Salimos a la calle corriendo y nos dijeron que Margaret Thatcher había dimitido. No vi ni a un solo indigente que no estuviera celebrándolo, todos compartíamos el mismo desprecio por la Dama de Hierro. Para los más desdichados, ella era quien quitaba el dinero a los pobres para dárselo a los ricos, y estábamos contentos de saber que dejaba el cargo.

Yo seguía trabajando de vez en cuando con Jimmy, pero lo que ganaba no me alcanzaba para cubrir mis necesidades. No tuve más remedio que pedir una prestación, por más que me doliese. Fue un punto realmente bajo de mi vida. Significaba

Servicio de cinco estrellas en el *Volvo* familiar. ¡*Ojalá hubiera sido así!*

admitir mi derrota y reconocer que no era capaz de salir adelante solo. Venía de una familia de currantes y pedir ayuda del Estado era lo último que me apetecía.

Un colega indigente me contó que había un hospicio en Dock Street, cerca de Tower Bridge, y ante la llegada inminente del invierno y dado el frío que pasaba en el Volvo, decidí probarlo. Era un sitio siniestro, pero se suponía que no era tan malo como los de King's Cross. Tan grande como repugnante, tenía unas trescientas habitaciones para hombres y mujeres. En el pasado, durante unos ochenta años, lo habían utilizado los marineros cuando los muelles todavía estaban operativos. Había dos salas de televisión y una gran sala de juegos con una mesa de billar inglés en la que cada dos por tres aparecía un siete como si la hubieran rajado con un cuchillo. Así mismo había una gran zona de comedor en la que tenían lugar muchas peleas entre los residentes, aunque en ocasiones el personal también se veía envuelto en las trifulcas.

Allí conocí a buena gente, algunos raros y otros locos. Había un chico africano llamado Prince que solía decir a los residentes que él era un príncipe de verdad, que cuando regresara a casa sería el rey de su nación o tribu, no recuerdo con exactitud cuál de las dos cosas. Y guardo en la memoria que el director, al que solíamos llamar «chef Jeff», llevaba un peluquín evidente del que todos hacíamos guasa.

Fue allí donde conocí a un tipo muy alegre llamado Legsy que era de lo más divertido y muy buen compañero. Me contó que vivía con su madre en Commercial Road, pero que le gustaba pasar por el hospicio. No tardé mucho en darme cuenta de que Legsy parecía tener unos ingresos más que considerables para tratarse de alguien sin trabajo.

—¿Cuál es tu secreto? —le pregunté cuando ya nos conocíamos mejor.

—Robo tiendas —me confesó guiñándome un ojo.

—¿Lo dices en serio?

—Completamente. Pero nada de entrar en las casas y todo eso, no lo haría jamás. Sin embargo, las tiendas y las cafeterías... son una buena fuente de ingresos. Puedo ganar unas tres mil libras en una sola noche, con un poco de suerte.

A Legsy le gustaba contar historias, y pensé que lo más probable era que estuviera exagerando. A pesar de ello, no había duda de que tenía pasta. En cualquier caso, el hospicio estaba lleno de tipos que, en su mayoría, eran como yo. Gente cuya vida avanzaba poco a poco hacia ninguna parte. El noventa y nueve por ciento eran personas sin empleo, muchas de ellas con tendencia al alcoholismo, a la drogadicción o con problemas mentales. No te sentías tan rechazado como en algunos de los locales que había por King's Cross, pero tampoco es que fuera un lugar bonito para vivir.

13

Señora Ryan, ¿puede acercarse a la puerta de rodillas y con las manos sobre la cabeza?

Eran poco más de las cinco de la madrugada del día 15 de diciembre de 1991, dos años después de que me arrestaran por falsificar las firmas en las libretas de ahorros. Dot estaba sola en el piso de President House porque Gerry había ingresado en el hospital debido a un fallo renal.

—¿Quién es? ¿Qué ocurre? —gritó ella. Los golpes en la puerta la habían despertado y estaba medio dormida y confusa.

—Policía. Tenemos que hablar con usted. Se lo repito, señora Ryan: por favor, acérquese a la puerta de rodillas y con las manos sobre la cabeza.

—No puedo —respondió Dot—. Tengo cáncer. Me duele mucho.

Hubo una pausa y a continuación el agente gritó de nuevo:

—Muy bien, señora Ryan, encienda todas las luces y abra la puerta.

Cuando Dot obedeció vio que había dos policías armados cerca, ante la entrada del callejón. Uno de ellos estaba arrodillado y apuntaba a Dot con la pistola. El otro llevaba una ametralladora semiautomática y estaba de pie detrás de su compañero, también con el arma preparada para disparar.

—Pero ¿qué...?

Asustada y asombrada, Dot miraba a su alrededor mientras salía para ver qué ocurría. Eso fue un gran error, porque en cuanto estuvo en el balcón la puerta se cerró con un portazo y no pudo volver a entrar. Le dijeron que tenían que registrar el piso, pero que debían esperar el permiso de las altas instancias de Scotland Yard antes de entrar. Mientras tanto, Dot tuvo que quedarse en el balcón, temblando y llorando, helada de frío. Los policías dejaron de apuntar directamente hacia ella al ver que no suponía ninguna amenaza, pero siguieron alertas y la situación fue increíblemente tensa.

—¿No puedo entrar un momento para ponerme algo encima? —suplicó Dot al policía que la vigilaba.

—Lo siento, pero no.

—Entonces ¿no podrían dejarme algo para cubrirme? ¡Me estoy helando de frío!

—No, tendrá que esperar hasta que hayamos terminado.

—¿Qué están buscando?

—No puedo darle esa información.

—¿Tiene algo que ver con mi hijo John?

—No puedo darle esa información.

Pasó una hora antes de que los agentes recibieran el permiso para acceder al piso y registrarlo. Antes de entrar, Dot avisó a los policías de que Butch estaba solo en el interior y de que era bastante viejo.

—Por favor, no hagan daño al perro —les suplicó.

Los polis tardaron solo cinco minutos en registrar el apartamento y llegar a la conclusión de que yo no estaba allí. Sí, era a mí a quien buscaban, ¿a quién sino?

En cuanto se hubieron marchado, Dot se desplomó sobre la cama, traumatizada, helada de frío y agarrándose el estómago con agonía. Más tarde se supo que alguien había cometido un robo a mano armada en un quiosco de Smithfield y que el dependiente había recibido un golpe con la culata de la pistola. La policía sospechaba que yo había participado en el asalto. Según decían, los perros que rastrearon la escena del crimen habían detectado mi olor y los habían conducido hasta el piso. La única «arma» que encontraron ese día fue una pistola Derringer de las que se usan para marcar el inicio de las carreras atléticas. La había tenido desde pequeño y estaba encima del frigorífico, por lo que estaba cubierta por una gruesa capa de polvo.

La última vez que había visto a Dot le había dado un número de teléfono para que pudiera ponerse en contacto conmigo en caso de que lo necesitara con urgencia. Así fue cómo me enteré de todo lo que ocurrió esa noche en President House.

—No te acerques aquí —me dijo Dot. Estaba furiosa y disgustada, e incluso por teléfono me di cuenta de lo poco que le faltaba para romper a llorar—. Mantente alejado de esta casa.

—Como quieras —le prometí—. Haré lo que tú me digas. Lo siento, lo siento mucho, mamá.

Dot acabó en el hospital dos días después por los terribles dolores que sufría en el estómago. Unas semanas más tarde, por Navidad, tanto ella como Gerry seguían ingresados. Por aquel entonces pensaba que sería Gerry quien no sobreviviría, puesto que ya le hacían diálisis todo el tiempo.

Si creía que mi reputación en la familia no podía caer más bajo, me equivocaba. No solo me había ganado mala fama ante Gerry y Dot, sino también entre mis hermanos. Malcolm y David se cabrearon y no quisieron saber nada de mí; ni siquiera Jackie fue capaz de decir nada a mi favor por mucho que lo intentara.

Con la llegada del nuevo año, el médico de Dot comunicó a la familia que había pocas probabilidades de que pudiera regresar a casa. El cáncer se había extendido y su salud se había deteriorado rápidamente desde el ingreso en el hospital. La última vez que la vi apenas pude mantener la compostura. Parecía muy frágil. Había desaparecido la mujer vivaz y animada que me había criado. Una de las últimas cosas que me dijo fue:

—John, tendrás que mudarte a casa de nuevo para cuidar de tu padre.

Siguió pensando en los demás hasta el final. Unos días más tarde, falleció. Solo tenía cincuenta y dos años.

Su funeral fue abrumador. Trescientas personas abarrotaron la iglesia para lamentar su muerte: amistades, colegas de cada uno de los trabajos que había tenido, antiguos vecinos y gente de King Square. Nadie pudo decir nada malo sobre Dot.

Poco después me mudé de nuevo al apartamento de President House. Pasé unos días allí justo antes de que Dot muriera, más que nada para cuidar de Butch mientras Gerry seguía en el hospital. Fue extraño eso de estar solo en el piso, ver la silla en la que solía sentarse y el delantal todavía colgado en la cocina. Y aunque fue fantástico volver a pasear a Butch por el barrio de siempre, no me apetecía estar allí.

Gerry sabía que Dot me había pedido que regresara a casa para cuidarlo. También sabía que necesitaba ayuda y que no podía valerse por sí solo. La alternativa habría sido entrar en una residencia geriátrica, pero era demasiado orgulloso para aceptar esa posibilidad. Al principio creí que sería fácil cuidar de él, pero me equivoqué.

Gerry dejó de aferrarse a la vida después de la muerte de Dot. Perderla debió de ser un golpe muy duro para él. Aunque pasaran semanas sin hablarse siquiera, habían llegado a un punto en el que dependían de la compañía del otro y el vínculo que se había forjado entre ellos era muy sólido. Gerry echaba muchísimo de menos a Dot.

Tras la muerte de mamá, mi padre se pasaba el día encerrado en casa, leyendo el periódico y haciendo crucigramas. Después miraba la tele, leía algún libro y se echaba una siestecita. Durante los últimos veinte años Dot lo había hecho todo por él, desde cumplir con sus recados hasta cocinar y encargarse de las tareas domésticas, y desde el principio yo heredé esas responsabilidades. Sin embargo, nada de lo que hacía bastaba para complacerle y cada día me hacía saber lo mucho que le molestaba tenerme allí.

—¿Qué haces aquí, holgazán de mierda?

Esas eran las primeras palabras que Gerry me dedicaba cada día por la mañana.

—¿Qué haces durmiendo, holgazán de mierda? —me decía cada vez que me atrevía a cerrar los ojos y dormitaba un rato en el sofá.

—¿Qué es esta porquería? —me decía cada vez que le servía algo—. ¡Jodido inútil! No sabes ni preparar una taza de té.

Era agotador y me rompía el corazón, pero después de cómo habían quedado las cosas con Dot no quería perder el contacto con Gerry, y me esforcé tanto como pude en satisfacerlo.

—¿Por qué no salimos a dar una vuelta? —le proponía—. ¿Quieres acompañarme a pasear a Butch?

Por aquel entonces Butch tenía diez u once años y cada vez andaba más lento.

—Nos lo tomaremos con calma. Solo daremos la vuelta al bloque.

—No, sufriré un ataque de pánico —decía Gerry.

—Si eso ocurre, volveremos enseguida.

—¿Y si me desmayo?

—No te desmayarás. Yo te cuidaré.

—¡No tendrías ni puta idea de lo que hay que hacer! Inútil del demonio. Vete a tomar por culo y déjame en paz. Yo no me muevo de aquí.

Tan solo respiraba aire fresco cuando se ponía frente a una ventana abierta. Cuanto más tiempo pasaba sentado sin hacer nada, más se deterioraba su salud, más se amargaba y más cruel se volvía. Malcolm, David y Jackie lo visitaban de vez en cuando acompañados por sus hijos. Gerry siempre les decía que yo era un inútil y un cabrón. Por aquel entonces Malcolm estaba casado y tenía dos hijas, Angel y Jessie, y un hijo llamado Jack.

David también estaba casado y tenía una hija, Vicky, y dos chicos, Joe y John, mientras que Jackie tenía dos niñas pequeñas, Natalie y Emily.

Malcolm y David se limitaban a saludarme y poco más cuando venían de visita, y no los culpo. Para ellos resultaba muy difícil perdonarme lo que había ocurrido con Dot. Estaba clarísimo que yo era la oveja negra de la familia. Cuando venían solía retirarme a mi cuarto, porque las cosas resultaban más llevaderas para todos si no estaba por allí.

Yo iba tirando gracias a los hurtos que cometía en las tiendas, entrando y saliendo sin pagar los artículos. Gerry estaba al corriente de ello. No era necesario ser un genio para deducirlo, con la cantidad de ropa y zapatos que llenaban el piso. De vez en cuando me hacía preguntas como si le interesara de verdad, pero nunca sabía si le gustaría oír la historia que iba a contarle, algo que sucedía de vez en cuando, o si me dedicaría una de sus diatribas colmadas de insultos por ser un «ladrón de mierda».

No tardaron en presentarse oportunidades para participar en «trabajillos» más serios, sobre todo a través de Legsy, el tipo al que había conocido en el hostal de Dock Street. Cada vez pasábamos más tiempo juntos y habíamos aceptado trabajos por los que habían llegado a pagarnos cinco mil libras. Robábamos en restaurantes, sastrerías o almacenes, en cualquier lugar con sistemas de seguridad precarios y en los que nadie pudiera resultar herido, aparte de nosotros, claro. Era ridículo lo fácil que resultaba robar y tal vez por ese motivo empezó a convertirse para mí en una adicción. El jaleo del asalto, la adrenalina que me recorría el cuerpo, todo aquello era como cualquier otra droga: peligrosa y nociva para la salud.

Llegué a pensar en robar comercios como un medio para ganarme bien la vida sin esforzarme demasiado, pero a toro pasado me doy cuenta de que tendría que haberlo dejado a tiempo.

Al final nos pillaron robando en un Dunkin' Donuts cerca de la estación de Embankment, cuando un guardia de seguridad de un edificio al otro lado de la calle nos vio entrar por la ventana y llamó a la policía. Nos dimos cuenta cuando la tienda, que hasta el momento había estado completamente a oscuras, quedó iluminada por los destellos azulados del primer coche patrulla que llegó al lugar del delito.

Legsy siempre me había dicho que si nos pillaban no debíamos resistirnos al arresto, que tenía que llevarme las manos a la cabeza y luego extenderlas para que me pusieran las esposas en cuanto me lo ordenaran.

—Sé respetuoso —me había dicho Legsy—. Te dejarán salir bajo fianza si te portas bien. A los agentes de la comisaría no les importa una mierda que robes comercios, pero es muy distinto si les pones las cosas difíciles cuando te arrestan.

Hice exactamente lo que Legsy me había recomendado ya que lo último que deseaba era volver a la cárcel.

¡Vaya donuts!

14

Desde que tenía veintipocos años y casi hasta que cumplí treinta, la cárcel de Pentonville se convirtió en mi hogar. Me encerraron de nuevo después del robo en el Dunkin' Donuts y luego entré en una espiral delictiva. Pasaba tres meses dentro, salía, volvía a robar, me pillaban y adentro otra vez. Era un círculo vicioso del que no conseguía escapar.

Cada vez que iba a prisión me dejaba la dignidad en la puerta, con la humillante rutina que consistía en entregar mi ropa y mis pertenencias. Cuando me enseñaban la celda notaba en el estómago la misma sensación desagradable de la primera vez, cuando con dieciocho años había ingresado en Feltham. Era como meterte en una pesadilla a sabiendas de que todavía tardarías mucho en despertar.

El problema era que no me movía ni la codicia ni la ambición de llenar una existencia llena de lujos. Los robos se habían convertido en mi estilo de vida, no tenía nada más. Seguía cuidando de Gerry, que se mostraba más desagradable que nunca a causa de la soledad que sentía tras la muerte de Dot. Salir con Legsy para cometer asaltos nocturnos lo hacía todo más soportable. La emoción que experimentaba cada vez que realizábamos un trabajo me acompañaba en cada ocasión. Cuando buscaba el dinero o la llave de la caja fuerte en una cafetería o una tienda, sentía una tremenda agitación que me encantaba, era como dedicar un corte de mangas a la policía. Nunca fue una cuestión de dinero para mí.

Pentonville estaba en Caledonian Road, también conocida como Cally, y quedaba cerca del barrio en el que crecí. Era un lugar tristemente célebre por alojar a todo tipo de delincuentes. En Pentonville había asesinos, violadores y gente que había cometido cualquier delito imaginable.

Mi primer compañero de celda fue un irlandés enorme al que le olían los pies más que a ninguna otra persona que haya conocido. No teníamos ni televisor ni radio, y los días se hacían largos como semanas. Él dormía en la litera superior y solía sentarse en la cama, con lo que aquellos pies malolientes quedaban colgando justo delante de mi cara. Cuando hacía eso me venían arcadas, pero por encima de todo me venían ganas de romperle la boca de un puñetazo.

La rutina era abrumadora, aunque supongo que se trataba precisamente de eso, de que tuviéramos tiempo de sobra para pensar en lo que habíamos hecho. La puerta de la celda se abría a las ocho y media durante veinte minutos para poder dar una vuelta por el pasillo, gorronear un pitillo o intercambiar alguna revista con otros reclusos. Si te habías inscrito en los programas ocupacionales, a las nueve en punto te mandaban al taller de la prisión, donde llevabas a cabo un trabajo tedioso que no provocaba más que frustración, como colocar la pieza de espuma en los auriculares desechables que te dan en los aviones. Si no, tenías la opción de estudiar, siempre que quedaran plazas libres en el curso que querías hacer, como informática o matemáticas. Los talleres fueron mi salvación. Me apunté a todos los que pude. La vida en la cárcel sin nada que hacer consiguió que echara de menos la ventana de la casa de Gerry, aquella que podía abrir en cualquier momento para sentir el aire fresco en la cara. Dentro, era imposible gozar de un lujo como aquel. Estaba atrapado, no podía ir a ninguna parte en un futuro próximo.

Decidí rehabilitarme. Dejé los porros después de haber estado fumando casi a diario desde la última vez que había salido de la cárcel y también intenté reducir el consumo de tabaco, puesto que ya fumaba demasiado, no menos de veinte pitillos al día. Gerry me estuvo mandando diez libras a la semana durante el tiempo que pasé en la cárcel. No vino a verme ni una sola vez, lo que no me sorprendió en absoluto, pero agradecí el gesto del envío de dinero de todos modos porque sé que no debió de resultarle fácil tomar esa decisión con el resentimiento que arrastraba.

—Siempre dije que no servías para nada —me espetó cuando empezó a ver que iba por mal camino—, inútil de mierda. ¿Cómo se supone que tendré que arreglármelas ahora? No pensaste en eso, ¿verdad?

Tenía razón, no había pensado en ello, porque realmente no creía que acabaría en prisión. El caso es que Gerry tuvo que arreglárselas solo por mi culpa, y eso solo contribuyó a manchar todavía más mi nombre entre la familia.

Un día nos dejaron dos mesas de dibujo nuevas en la celda. Por aquel entonces hacía cinco años que no cogía un lápiz y había descuidado mi talento por completo. Simplemente no me había parecido importante con todo lo que me estaba sucediendo en la vida: carecer de hogar, la muerte de Dot, los insultos de Gerry... Además, en prisión casi toda la energía creativa quedaba disuelta en la monotonía.

Ese día, sin embargo, estaba más animado que de costumbre, por lo que cogí un lápiz y me puse a dibujar. Empecé sin ningún propósito en concreto, pero me gustó la sensación de tener aquel instrumento otra vez en la mano y me sobrevinieron enseguida recuerdos de la fascinación que había sentido por los cómics cuando era niño. Era como si hubiera conectado el piloto automático y, tras unos minutos dibujando, algo empezó a tomar forma en el papel. Seguí insistiendo hasta que comencé a sumergirme en el proceso creativo y en menos de un cuarto de hora hube terminado el primer dibujo que hacía en los últimos

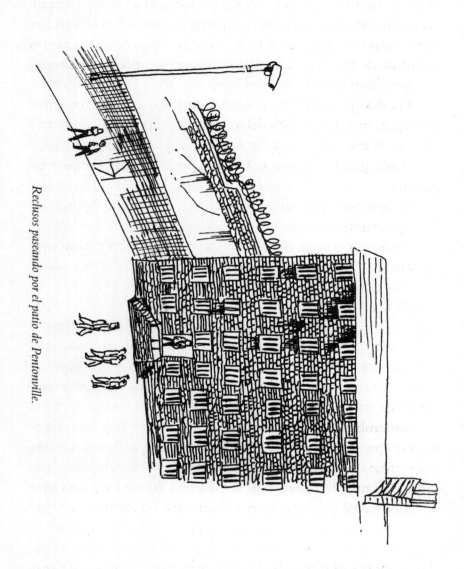

Reclusos paseando por el patio de Pentonville.

cinco años: era un combate de boxeo sin guantes del siglo diecinueve. Me inspiré en un viejo grabado que había visto un par de días antes en uno de los libros de la biblioteca: *Gin Lane*, de William Hogarth. Recuerdo que en cuanto vi el dibujo me sentí como los dos boxeadores. La vida era para mí como un combate de boxeo y de momento iba perdiendo, aunque todavía quedaban unos cuantos asaltos.

Mi dibujo llamó la atención de un carcelero, el señor O'Brien, que pasaba por delante de la celda y decidió entrar para acercarse a la mesa a fin de verlo mejor.

—Me gusta —dijo con admiración—. ¡Es un dibujo muy bueno!

Su reacción me cogió por sorpresa, sobre todo porque no estaba permitido colgar nada en las paredes.

—Gracias —respondí al señor O'Brien—. Llevaba años sin dibujar.

Vi que sonreía mientras miraba mi obra, lo que indicaba que le había gustado de verdad.

—Quédatelo —le dije—. ¡Algún día valdrá mucho dinero!

El dibujo se quedó en la mesa cuando abandoné la celda, pero nunca olvidé ese comentario que encendió de nuevo mi pasión artística y me hizo creer que todavía podía llegar a convertirme en un creador algún día.

Sin embargo, esa aspiración todavía quedaba lejos porque en esa época tenía otras prioridades más urgentes que atender. La primera era sobrevivir a la cárcel; luego, salir de ella y, por último, la más difícil, intentar no volver a entrar. Esos pasaron a ser mis únicos objetivos en la vida en esos momentos.

Yo no sabía casi nada sobre drogas duras hasta que me metieron en la misma celda con un yonqui que se llamaba Tommy. Cuando llegabas a la cárcel, tenías que superar el mono sin ayuda. Por entonces, en Pentonville no había ninguna unidad de desintoxicación. Tommy y yo empezamos a hablar, y enseguida fui consciente de que no había consumido nada desde hacía semanas, por los temblores y el sudor que lo acosaban.

—Oye, ¿puedes ayudarme, tío? —me suplicó.

Le escuché con atención. Habría hecho cualquier cosa para no tener que verlo sufrir de ese modo.

—¿Cómo puedo ayudarte?

—¿Me cortarás? —me preguntó con tono lastimero.

—¿De qué estás hablando? —respondí.

—Que si me cortarás las muñecas para que me manden al área hospitalaria.

—¡Córtatelas tú mismo, si quieres ir al área hospitalaria!

—Pero es que no puedo hacerlo.

—¿Por qué no? —le pregunté—. ¿Por qué tendría que hacerlo yo?

Me dio la cuchilla y me di cuenta de que no habría manera de convencerlo de lo contrario.

—De acuerdo —dije—. Pero solo te haré un corte superficial. Tendrás que quedarte muy quieto. No vayas a hacer el idiota ahora.

Extendió el brazo y apartó la mirada mientras yo intentaba practicarle una incisión larga pero leve en el brazo. Se trataba de que saliera la cantidad de sangre suficiente para que se lo llevaran al área hospitalaria, pero sin llegar a hacerle demasiado daño. Le pasé la cuchilla a lo largo del brazo, de arriba abajo, desde el codo hasta el dorso de la muñeca, para no cortarle ninguna vena. Casi no apliqué presión y me limité a atravesar la superficie de la piel, pero de repente el brazo de Tommy se abrió como una lata de sardinas. Quedó, literalmente, con el hueso al aire.

Los dos nos pusimos a gritar, horrorizados; con el susto me corté en la mano izquierda y empecé a sangrar. La sangre brotaba mucho más rápido de mi herida que de la de Tommy. Su brazo parecía una pieza de las que se ven en las carnicerías, pero apenas sangraba en realidad.

Más tarde me enteré de que su brazo había reaccionado de ese modo por la cantidad de pinchazos que llevaba acumulados y que le habían dejado los tejidos increíblemente débiles. En cualquier caso, Tommy se olvidó del mono porque se puso a correr por la celda chillando. Tuve que envolverle el miembro herido con una toalla para calmarlo mientras golpeaba la puerta y pedía ayuda a gritos.

—Este gilipollas se ha cortado el brazo —dije cuando los carceleros acudieron a toda prisa.

A Tommy se lo llevaron a un hospital externo debido a la gravedad del corte. Dijo que había intentado suicidarse, y le pusieron cincuenta puntos de sutura. Cuando volvió a la celda al cabo de unas semanas, tenía los ojos vidriosos y la mirada de un zombi. Los médicos le habían administrado grandes dosis de Valium y de antidepresivos. Lo único que mi compañero había pretendido había sido colocarse, por lo que me consolé pensando que le había hecho un favor a largo plazo.

Entre una pena de prisión y la siguiente, no es que mi vida mejorara mucho. Era genial recuperar la libertad, por supuesto, pero volver al piso siempre me aterrorizaba. La salud de Gerry no había dejado de empeorar y cada vez se mostraba más agresivo. Cuando regresaba a casa, sabía que me trataría peor que durante mi última estancia.

—¿Qué coño haces aquí? —decía Gerry—. No te necesito, lo único que haces es ocupar espacio, joder. ¡A tomar por culo!

A veces me pasaba el día durmiendo y me sentía incapaz de salir del apartamento. Todos los amigos con los que había crecido se habían marchado y ya no conocía a nadie del vecindario. Muchos se habían ido de Londres, aunque también había unos cuantos que, como yo, habían acabado en la cárcel.

Butch estaba llegando al final de sus días y sabía que tendría que llevarlo al veterinario para que lo sacrificaran. La mera idea me aterrorizaba. Butch había formado parte de mi vida desde que yo tenía diez años y, a pesar de no haber estado siempre a su lado, su alegre presencia siempre me había acompañado. A veces lo miraba como ahora miro a George e imaginaba lo que estaría pensando o le contaba lo que pensaba yo.

—No te preocupes por él, es un amargado de mierda —le decía cuando Gerry se ponía de mala leche y los dos salíamos a pasear para librarme de él—. No lo dice en serio, es porque está enfermo, pero no dejes que te afecte.

Butch me miraba fijamente y a mí me gustaba pensar que al menos él seguía siendo mi aliado, incluso si no había nadie más en la familia que soportara mi presencia.

Era tan viejo y estaba tan enfermo que se acercaba el momento en el que no podría hacer nada mejor por él que sacrificarlo. Cuando llegó el día de llevarlo a la clínica no tenía dinero para tomar un taxi, por lo que el último trayecto que recorrimos juntos fue en autobús. Cogí a Butch en brazos y me lo puse sobre el regazo cuando me senté. Temía lo que estaba a punto de ocurrir y a medida que el autobús se aproximaba a la clínica veterinaria de Holloway, no podía dejar de pensar que me quedaría solo con Gerry. No sabía cómo saldría adelante sin él.

El último recuerdo que guardo de Butch es verlo en brazos del veterinario, cuando se lo llevó para ponerle la inyección letal. Sabía que Butch estaba sufriendo, las patas le quedaron colgando con torpeza y me dedicó una última mirada antes de que el veterinario se diera la vuelta y cruzara el umbral de la puerta. Le devolví la mirada y fui consciente de que sería la última vez que vería al que había sido mi amigo y compañero durante catorce años. Estoy seguro de que él sabía que aquel sería su último día, tal vez por eso fui incapaz de quedarme a su lado cuando exhaló el último suspiro. Cuando le llegue la hora a George quiero estar ahí con él, ya lo he decidido. Solo espero que eso tarde muchos años en ocurrir.

El día que dije adiós a Butch fue uno de los más tristes de mi vida, no estaba preparado para ello. Me había quedado sin la mascota de mi infancia y tenía la sensación de que había muerto otra pequeña parte de mí. Yo tenía veinticuatro años, estaba solo y no creía que hubiera ningún buen motivo para seguir viviendo.

Unos días después salí de casa para dar un paseo y recorrer algunos de los lugares a los que más me gustaba ir cuando era pequeño. Al final terminé en Brick Lane, pensando en cuando era un niño y visitaba los famosos mercadillos de Londres, en todas las historias que había oído sobre timos y estafadores a lo largo de los años.

Mientras recorría aquellas calles tan conocidas pensaba que la vida no se quedaba quieta. Incluso cuando no la aprovechabas, como era mi caso, seguía cambiando y moviéndose en direcciones absolutamente imprevisibles.

Había un asiático en una esquina, junto a una tienda de artículos para bebés de Brick Lane, y me fijé en la gente que se le acercaba. Estaba clarísimo que vendía droga, la llevaba envuelta en bolitas que guardaba dentro de la boca, pegadas a las mejillas. En cuanto cerraba un trato, escupía una de las bolitas en la mano. Estaban hechas con recortes de las bolsas de plástico que daban en las tiendas, unas muy populares con franjas rojas y azules, las cuales quedaban recortadas en cuadraditos de esos dos colores, y dentro de cada uno de ellos debía de haber una dosis de droga. Estaban cerrados con un pequeño nudo en un extremo para evitar que se derramara el polvo. En los cuadraditos rojos había cocaína en forma de crack, lo que se conoce en la calle como «blanca», mientras que los cuadraditos azules contenían heroína, que se conoce como «marrón».

El traficante las guardaba en la boca de manera que si aparecía la policía podía tragárselas enseguida. Hasta entonces nunca había visto a un camello haciendo algo parecido, por lo que me acerqué al tipo y le pregunté:

—¿Qué vendes?

Me dijo que ese día solo llevaba crack y respondiendo a un impulso le compré veinte bolitas. Me salieron por trescientas libras, o lo que es lo mismo, hasta el último penique que llevaba encima.

Ya había inhalado coca una vez en casa de un colega y creí que era justo lo que necesitaba para animarme a salir de la depresión en la que estaba inmerso. No recuerdo que me preocupara lo que estaba a punto de hacer ni la posibilidad de convertirme en adicto. Lo único que pensaba era en cómo podía dejar de sentirme tan derrotado. Funcionó según lo previsto: me coloqué y pude escapar de la realidad durante un rato, que era cuanto deseaba.

Unos tres meses más tarde, un día que lo estaba pasando especialmente mal por culpa de Gerry y de la depresión, fui a ver de nuevo al mismo tipo.

—¿Tienes más crack?

—No, tío, solo tengo marrón —respondió refiriéndose a la heroína.

Primero decidí marcharme; no solo estaba decepcionado, sino también desesperado. ¿Por qué solo tenía heroína? Odiaba la heroína desde el día del incidente en la cárcel con Tommy. Me marcó mucho ver la impaciencia con la que quería que le hiciera un corte en el brazo solo para conseguir un alivio de los síntomas de la abstinencia.

Sin embargo, en esos momentos estaba indeciso por culpa de la depresión. Necesitaba una ayuda química, así es como me sentía. Apenas podía poner un pie delante del otro para alejarme del camello e incluso me costaba seguir respirando debido a la opresión que sentía en el corazón. Con la cabeza llena de pensamientos negativos e invadido por las dudas, decidí comprarle veinte libras de heroína.

—No es nada —me dije a mí mismo—. Solo fumaré un poco. He tomado otras drogas sin engancharme.

No paraba de buscar excusas, intentando justificar lo que ya sabía que era una decisión estúpida.

Puse unas dos libras de heroína en un papel de aluminio, la calenté y me la fumé. Sabía cómo hacerlo porque había visto a mucha gente consumiendo en King's Cross cuando vivía en la calle. El polvo tiene que convertirse en resina y cuando la gota recorre el aluminio se aspiran los vapores por un tubito de papel de aluminio enrollado. Incluso cuando «perseguía al dragón», que es como lo llaman, pensaba en lo peligroso que podía llegar a ser, pero estaba tan desesperado por conseguir alguna clase de alivio que no me importaba.

Le pegué una calada y sentí una calidez en el estómago que se extendió de forma reconfortante por todo mi cuerpo. Fue instantáneo, como si alguien me hubiera dado el mejor abrazo de mi vida. El colocón era completamente distinto al que proporcionaba el crack. Era una sensación más relajada, más íntima, y me encantó. No me importaba que fuera un abrazo químico ni que resultara peligroso y adictivo; era justo lo que me estaba pidiendo el cuerpo. La depresión se desvaneció por primera vez en lo que ya me parecían años y solté un sonoro suspiro de alivio.

Más tarde, me sentí orgulloso de haber adquirido una cantidad razonable. No me convertí en adicto tras la primera dosis. Simplemente me sentí un poco aletargado y dolorido al día siguiente, pero nada más. Pensé que me había salido bien y punto.

Gerry cayó gravemente enfermo en el invierno de 1996 y murió en enero de 1997. Ingresó en el hospital un lunes y falleció el domingo siguiente a los cincuenta y ocho años de edad. Justo antes de que dejara de hablarme del todo y cuando lo admitieron en la clínica le había dicho a toda la familia que no quería ni verme.

Cuando fui a visitarlo a la habitación del Royal London en Whitechapel, una enfermera me detuvo y se negó a dejarme entrar.

—Chorradas —dije antes de apartarla y acercarme a la cama de mi padre.

Gerry había estado perdiendo y recuperando la consciencia, pero al oír el alboroto que yo acababa de armar abrió los ojos, me miró y gruñó:

—¿Qué haces aquí?

Antes de que pudiera responder, su hermana apareció por detrás de mí, me agarró por el codo y me obligó a darme la vuelta.

—Vamos, John, no eres bienvenido —me dijo.

Yo no estaba dispuesto a discutir.

—De acuerdo, lo he entendido —respondí con calma.

Ni siquiera miré de nuevo a Gerry. Y ya está, esa fue la última vez que vi a mi padre con vida. Lo enterraron junto a Dot en el cementerio City of London; solo vivió cinco años más que ella.

Tuve que mudarme de President House tras la muerte de Gerry porque era una propiedad de tres habitaciones y el ayuntamiento necesitaba alojar allí a una familia. No es que me entristeciera marcharme de aquel piso. Si bien había sido el único hogar familiar que había conocido, todo había cambiado. Las imágenes que conservo de cuando era pequeño, como ver a mi madre en la cocina o esperar a mi padre mirando por la ventana, bien podrían formar parte de otro mundo. Todos mis recuerdos de infancia habían quedado eclipsados por los problemas más recientes.

Me realojaron en un apartamento de una sola habitación de la Macclesfield House de Lever Street, pero eso también lo eché a perder. Tuve que dejarlo a causa de los retrasos con el pago del alquiler y después de no acudir a la vista judicial para recuperarlo, puesto que estaba pasando otra temporada en Pentonville.

De forma lenta pero segura, mi consumo de heroína había aumentado. Pasé de fumarla cada tres meses, cada vez en mayor cantidad, a consumirla cada mes; luego, cada tres semanas, cada dos, etcétera. Cuando tenía treinta y ocho años, me había acostumbrado a consumirla dos veces al día.

Al principio, cuando recurría a la heroína lo hacía buscando el impulso químico que había sentido en la primera ocasión. Pero no importaba la intensidad o la frecuencia con la que perseguía al dragón, el caso es que nunca conseguí sentir aquello de nuevo y eso es lo que resulta especialmente peligroso con la heroína. Durante mucho tiempo pensé que no era adicto, pero cuando pienso en ello ahora me doy cuenta de que quedé enganchado desde la primera dosis, porque siempre volvía a buscar más para experimentar de nuevo aquella misma calidez. Ya no la disfrutaba, simplemente se trataba de tomar la cantidad suficiente para mantener a raya los síntomas de la abstinencia. Cada vez necesitaba más heroína solo para sentirme normal y poder sobrevivir cada día.

A raíz de eso pasé también a depender más que nunca de los robos. Ya no era cuestión de disfrutar de la experiencia de conseguir un par de zapatos nuevos o una camisa pija. En aquella época se trataba de mantener un hábito de drogadicción caro, de encontrar el dinero para pagar la heroína que necesitaba para soportar mi propia vida. Desde el momento en el que me despertaba por la mañana, ese era mi único objetivo.

Pasé casi diez años en aquel estado tan miserable, hasta que conocí a George.

15

¿Qué te parecería mudarte a Swanfield Street?
George no parecía muy impresionado.
—Suena fatal —decía su cara—. ¿A qué viene esa sonrisa?
Desde que me habían soltado tras la última temporada que pasé en la cárcel, había estado dando la lata al ayuntamiento para que me buscaran un sitio más espacioso. La habitación que tenía en Royal Mint Street era más pequeña que una celda de prisión y parecía haber encogido desde que había adoptado a George. No creo que creciera durante los nueve meses que habían pasado desde que estaba conmigo, pero sin duda había aumentado su confianza y parecía ocupar mucho más espacio que al principio. No tardó en convertirse en el rey de la mansión y se movía por la habitación como si fuera de su propiedad, se echaba en el sofá y se rascaba con ganas cada vez que le apetecía.
—¡Apártate! —le decía cuando quería echarme.
George arrugaba la frente y me miraba como si lo tratara de forma injusta cuando lo obligaba a dormir en el suelo. Unos minutos más tarde, después de levantarse y dar unas cuantas vueltas por la habitación, volvía a subirse al sofá para disputarse conmigo el espacio.
—Ahora te apartas tú, capullo —me decía con la mirada.
En cualquier caso, me habían ofrecido un apartamento de

una sola habitación en Swanfield Street, en Boundary, un barrio de viviendas subsidiadas próximo al East End que es uno de los más viejos de Europa. Yo habría aceptado un piso en cualquier parte de Londres con tal de tener algo más de espacio. El hecho de que aquella oportunidad estuviera en Shoreditch, tan próxima al lugar en el que crecí y que conocía bien desde la infancia, fue pura casualidad.

George y yo nos mudamos allí en el verano de 2010, cuando yo acababa de cumplir treinta y nueve años. Lo único que tenía era la ropa que llevaba puesta y un abrelatas para la comida del perro. El apartamento no estaba amueblado; nos encontramos con una vivienda vacía en la que ni siquiera había cocina. Me concedieron una ayuda de doscientas libras para acondicionarlo y las invertí en una alfombra y una cama.

Mis ingresos se habían reducido tanto que ni siquiera me alcanzaban para pagar el alquiler, por no hablar ya de la comida, las facturas o los gastos de equipar el piso. Estaba claro que mendigar no sería suficiente para cubrir esas necesidades.

—¿Qué vamos a hacer? —le dije a George. Me había sentado en el suelo junto a él mientras intentaba dar con una solución—. No puedo recurrir a los viejos trucos de siempre, ¿a que no?

Cuando George entró en mi vida, yo arrastraba más de trescientas condenas y había entrado en prisión más de treinta veces.

Tal vez pensaréis que no debía de ser muy buen ladrón si me habían cazado en tantas ocasiones durante esos años, pero la verdad es que me costaba tanto sobrevivir a la intemperie que empecé a forzar los ingresos en prisión para pasar los inviernos a cubierto. Llegó un punto en el que ni siquiera me molestaba en ocultar mi rastro cuando robaba. No me ponía guantes a propósito para dejar huellas, o no limpiaba la sangre si me hacía un rasguño en un brazo y manchaba algo.

Sabía que me ganaba a pulso el ingreso en prisión, pero al menos dentro no tendría que preocuparme por buscar comida

George dormido en el sofá.

o un techo bajo el que cobijarme, algo que a menudo resultaba difícil de conseguir en la calle.

Era agotador vivir en la indigencia, cambiar de centro de día, de hostal o de misión, o dormir en coches o en contenedores como tuve que hacer tras perder el piso de President House. A veces estaba tan desesperado que me venían ganas de lanzar un ladrillo por la ventana de la comisaría y extender las manos para que me esposaran y poder dormir a cobijo.

Estaba atascado en un ciclo de ese tipo cuando George entró en mi vida. Apareció después de que hubiera estado en la cárcel durante siete u ocho meses, durante el frío invierno de 2009. En circunstancias normales, ya habría estado pensando en el siguiente trabajito que me permitiría pasar una temporada a cubierto y me sacaría del apuro hasta que mejorara el tiempo.

El caso es que cuando me puse a pensar en ello George ya se había acostumbrado a vivir conmigo y eso me jorobó los planes. Si ingresaba en prisión, perdería a mi perro. Tan simple como eso. Ya habíamos llegado demasiado lejos para considerar que fuera una opción. Por primera vez en lo que me pareció una eternidad tenía que cuidar de alguien más que de mí mismo, y eso daba mucho sentido a mi vida. A lo largo de los años había conocido a varias chicas y había tenido unas cuantas relaciones esporádicas, pero nada que durara más de un par de meses como máximo. Había visto a mis hermanos y a mi hermana con sus hijos y me había dado cuenta de lo mucho que se querían; yo empezaba a experimentar algo parecido por George.

Me quedó muy claro lo que sentía por él un día que estábamos sentados frente a la estación de Fenchurch Street y una mujer que se veía adinerada se nos acercó y empezó a alabar a George con entusiasmo.

—¡Qué perro tan bonito! —dijo mientras le rascaba la cabeza y lo llenaba de mimos—. ¡Es realmente precioso! Nunca había visto un Staffordshire tan mono. Supongo que no estará dispuesto a vendérmelo, ¿verdad?

Me sorprendió tanto que me quedé sin habla. ¿Quién se creía que era para preguntarme algo así?

—Es fantástico —prosiguió—. Podría pagárselo bien…

Empezó diciendo que me daría dos mil libras al contado, pero le paré los pies enseguida.

—No se ofenda, pero ¿tiene usted hijos? —le pregunté.

—Sí, pero sé cómo son los Staffordshire y estoy segura de que este es bueno con los niños…

—No, no me refería a eso. Lo que quiero decir es ¿cómo se sentiría si le preguntara si puedo comprarle uno de sus hijos? —La mujer se me quedó mirando, confundida—. El caso es que George es como si fuera mi hijo. Lo quiero como si llevara mi propia sangre. No lo vendería por dos de los grandes. De hecho, no lo vendería ni por cien de los grandes. Es demasiado importante para mí.

Ella encajó mi negativa de un modo muy cortés, sin rencor, e incluso me pareció ver en los ojos de George un brillo especial cuando la señora se marchó.

De algún modo, aquella conversación había consolidado lo que yo ya intuía: que me estaba encariñando con George sin remedio. Lo que pasaba era que no sabía qué haría con él, sobre todo durante los primeros meses. Él era mucho más importante para mí que cualquier otra cosa en el mundo. Lo quería con locura y perderlo me parecía inconcebible.

Mientras estábamos sentados juntos en el suelo de mi habitación, recordé a aquella señora y el montón de dinero que me había ofrecido por George. Dos mil libras me habrían ido de perlas en ese momento.

—Debería haberte vendido a aquella mujer, George. Podría haberme comprado un buen reloj de oro con ese dinero.

George suspiró, se echó y posó la cabeza entre las patas delanteras. Parecía triste y, a decir verdad, me sentí mal al respecto.

«El perro George. Shoreditch, Londres.»

—Eh, oye, que era broma. No es culpa tuya —le dije. De inmediato, levantó las orejas—. Bueno, supongo que sí, mamonazo. —Me reí—. Pero es algo bueno, tío. No te preocupes.

Pensé en el tiempo que había pasado desde que George estaba conmigo. Apenas lo había perdido de vista desde el día en que lo había adoptado. Ni siquiera lo dejaba atado frente a un Tesco para entrar a comprar una lata de comida, sino que pedía a algún amigo de confianza que me lo vigilara un minuto y volvía a salir del supermercado tan rápido como podía.

Primero me aterrorizó la posibilidad de que apareciera aquel chalado escocés y luego, después de que aquella señora hubiera intentado comprármelo, tuve miedo de que me lo birlaran.

Dejar solo a George para salir a robar quedó directamente descartado. Ya resultaba lo bastante difícil con la pierna lisiada, porque me restaba agilidad. ¿Y si me cogían y tenía que pasar la noche en una celda? ¿Quién se encargaría de alimentar al perro y de sacarlo a pasear? Sabía que perdería a George definitivamente si me encerraban, pues no conocía a nadie que pudiera cuidármelo durante tanto tiempo.

—Eso no ocurrirá —dije en voz alta mientras pensaba en la posibilidad de que me enchironaran de nuevo—. Tengo que encontrar trabajo.

George estaba sentado muy atento, con una de esas miradas suyas que decía: «Serás capullo, ¿y cómo piensas conseguirlo?», pero yo quería que supiera lo que tenía en mente. Supongo que, en efecto, era bastante capullo si pensaba que me había entendido, pero realmente parecía que me estuviera escuchando.

Y sé que también era un verdadero capullo por estar a punto de cumplir cuarenta años sin ningún tipo de perspectiva profesional. ¿Quién iba a contratarme con un historial delictivo como el mío? ¡Si parecía un listín telefónico! Incluso en el caso de que encontrara a algún pobre desgraciado tan loco como para jugársela conmigo, ¿cómo conseguiría trabajar con George a mi lado en todo momento? Me sentía superado por las circunstancias.

Solo veía una solución. No quería seguir mendigando, pero sabía que tendría que continuar haciéndolo al menos a corto plazo o los dos nos moriríamos de hambre. Así de simple.

—Vamos, George —le dije—. Salgamos a pasear un poco por High Street de Shoreditch.

16

High Street de Shoreditch era un lugar completamente distinto a la calle insulsa, gris y decadente que recordaba de mi juventud. Estaba llena de gente joven y moderna que animaban el ambiente. La vista de la City, con la torre Broadgate y los demás rascacielos relucientes a lo lejos, hizo que tomara consciencia de lo rápido que estaba cambiando aquella parte de Londres. Mientras paseaba por allí con George, lo que más me sorprendió fue lo bien que se integraba la cultura urbana con el mundo corporativo. En la misma calle, más allá de donde estaban aquellos enormes rascacielos, había edificios industriales viejos cubiertos de murales asombrosamente coloristas, muy llamativos y repletos de preciosos detalles. Había oído hablar de Banksy —¡quién no!— y sabía lo mucho que había contribuido a elevar el nivel de los artistas callejeros, pero no tenía ni idea de que el arte urbano hubiera adquirido tanta popularidad. El término «ni siquera» formaba parte de mi vocabulario. Encontrarme en una zona en la que el arte estaba tan presente y era un rasgo tan distintivo me hizo sentir como en casa enseguida.

Brillaba el sol y había cierta agitación en el aire, como si la zona tuviera vida propia y estuviera en pleno florecimiento. Había tíos de la City vestidos con traje y corbata saliendo de los bares, trabajadores rebozados en polvo de yeso comiendo bocadillos en los aparcamientos, chicas vestidas con todo tipo de estilos ojeando escaparates y montones de estudiantes paseando.

Vi que había un anciano sentado en la acera, mendigando. Se tapaba los hombros con un gran saco de dormir acolchado a pesar de que era un día inusitadamente caluroso. Nadie parecía inmutarse por el aspecto del anciano y vi que gente de todo tipo lo saludaba con la cabeza y le soltaba unas monedas. Fue alentador. Ese primer paseo por High Street me dejó sin aliento. Me sentí como si acabara de entrar en un mundo nuevo.

Cogí el toro por los cuernos y me instalé con George en un lugar transitado junto a la gasolinera Texaco que estaba en un extremo de High Street, el más cercano a la estación. Estaba acostumbrado a caminar arriba y abajo mientras pedía limosna a los paseantes cerca de la estación de metro de Tower Hill y en Liverpool Street, pero allí me sentía mucho más relajado, por lo que decidí sentarme en la acera con George a mi lado.

Dejé un vaso de papel en el suelo delante de mí y me limité a estar allí un rato mientras me impregnaba de aquella atmósfera y contemplaba el mundo que me rodeaba. La gente empezó a echarme monedas en el vaso antes incluso de que comenzara a pedirlo, algunos entablaban una breve conversación conmigo y comentaban lo guapo que era George o me preguntaban por su nombre.

Siempre resulta más fácil pedir limosna cuando hace buen tiempo, porque los viandantes no andan tan rápido y suelen estar de buen humor, pero nunca pensé que sería tan sencillo. Quedaba claro que en Shoreditch estaban acostumbrados a los mendigos y a los indigentes, por lo que empecé a acudir cada día a ese mismo punto.

Siempre conseguíamos el dinero necesario para comer e incluso algo más.

Era genial poder ir tirando sin tener que recurrir al robo, aunque aquello tampoco cambió mis principios acerca de pedir limosna. Siempre lo había odiado. Me avergonzaba por cada penique que me daban. Creo que el hecho de estar haciéndolo justo delante del lugar en el que me había criado, en la calle que tantas veces había recorrido siendo un niño y acompañado por mi familia, multiplicaba por diez aquella sensación tan desagradable. Me habría muerto de vergüenza si Jackie, Malcolm o David hubieran pasado por allí. Ninguno de ellos vivía lejos del barrio, y la idea de que pudieran verme en ese estado me carcomía por dentro. Me había prometido no volver a verlos hasta que hubiera arreglado mi situación, pero en esos momentos todavía me quedaba un largo camino para conseguirlo. No tenía ningún plan mejor que aquel, de modo que seguí acudiendo a High Street un día tras otro. George y yo sobrevivíamos gracias a la bondad ajena, y de momento nos parecía bien.

Unas semanas más tarde, me di cuenta de que era mejor sentarse en el lado opuesto a la gasolinera porque en la acera había una de esas grandes cajas metálicas de electricidad de color verde en la que podía apoyarme. Era más cómodo estar allí cuando la artritis me daba la lata y además la vista también era mejor. La City de Londres quedaba a mi izquierda y delante tenía los viejos edificios victorianos del otro lado de High Street. Aquella yuxtaposición era asombrosa. Adiestré a George para que se sentara con el vaso de papel delante, como si fuera él quien mendigaba. Aquello tenía un doble propósito: llamaba la atención de la gente para que cayeran más monedas en el vaso, pero al mismo tiempo también me hacía sentir menos apenado por mi situación porque no tenía el vaso justo delante de mí. Me costaba creer lo mucho que había aprendido George. Cuando lo conocí y no era más que un cachorro revoltoso, no podría haber imaginado que conseguiría adiestrarlo tan bien para que se mantuviera sentado durante varias horas seguidas en una vía urbana tan transitada y ruidosa.

No dejaba de buscar algún modo de abandonar la calle y ganarme el sustento para que tanto George como yo pudiéramos vivir con dignidad. Al ver la cantidad de obras de arte que había en Shoreditch, empecé a preguntarme si podría conseguir unas libras dibujando algo. Había arte urbano que no me maravillaba especialmente y eso me animó a pensar que tal vez tenía los recursos necesarios para estar a la altura.

Como podéis imaginar, tampoco es que rebosara confianza por los cuatro costados, que digamos. Llevaba muchos años sin dibujar e ignoraba qué nivel tendría por aquel entonces.

—Tampoco he de ser un Picasso para ganar cuatro chavos —me dije mientras miraba a George y pensaba en la necesidad de alimentarlo y resguardarlo del frío—. ¿Qué te parece?

—Hazlo y punto —dijo George, o al menos apuesto a que me habría dicho eso si hubiera podido—. Afrontémoslo, ¿qué otro talento tienes aparte de ese?

—Ninguno.

—Pues hazlo.

—Ya, pero ¿y si ya no sé hacerlo? Quedaremos todavía más hundidos en la mierda.

—No lo sabrás hasta que lo intentes. ¿Qué puedes perder con ello?

Ese tipo de ideas estuvieron rondándome la cabeza durante días, tal vez semanas. Siempre posponía cualquier intento, pero una vez me aburrí tanto de estar sentado en la acera tocándome las pelotas que me puse a dibujar una parte de los edificios antiguos que tenía delante. En cuanto empecé me entusiasmé. Salió de mí sin esfuerzo, y el bullicio y las prisas que me rodeaban parecieron acallarse mientras representaba los detalles de la arquitectura. Me sentía positivo, con un objetivo en mente. Aquella sensación fue inesperada y me gustó hacer algo más que estar allí sentado mirando a las musarañas, esperando a que la gente echara dinero en el vaso de George.

Mi obra no quedó mal del todo. Al día siguiente dibujé

«Pueden hacerme fotos si lo desean. Pero, por favor, ¡echen también alguna moneda en el vaso si no quieren que les dé un mordisco! Que pasen un buen día.
El perro George.»

exactamente el mismo edificio porque quería mejorar lo que había hecho el día anterior. Era el número 187 de High Street en Shoreditch, donde antiguamente había habido una tienda de artículos de piel, Leather & Suede. Hasta entonces solo había dibujado caras y cuerpos, pero los edificios viejos de esa parte de High Street me fascinaban. Cuanto más decrépitos estaban, más interesante me parecía su aspecto. Elegí los edificios más destartalados que encontré y me puse a copiar hasta los detalles más ínfimos, el deterioro del enladrillado y los marcos descascarillados de las puertas y las ventanas. Incluso dibujé los grafitis y el arte urbano que cubría la azotea.

El simple hecho de tener un rotulador en la mano y estar usándolo de nuevo fue una bocanada de aire fresco, y me encantó dejar de sentirme como un mendigo. Era como decir a los peatones: «Soy artista y busco trabajo», en lugar de: «¿Puede darme alguna moneda?». No es que estuviera vendiendo la piel del oso antes de cazarlo, pero sin duda estaba más animado.

Los dibujos que hice al principio no eran perfectos, pero incluso cuando me salían peor me daba cuenta de que lo único que necesitaba era seguir practicando. Por eso estuve plasmando los mismos edificios una y otra vez, haciendo «estudios». No tenía previsto vender nada a esas alturas porque las obras no estaban terminadas, y consideraba que no eran suficientemente buenas, pero sabía que estaba progresando.

Además, estaba convencido de que, incluso en el caso de acabar haciendo dibujos vendibles, tomar como tema los edificios de High Street no me permitiría ganar mucho dinero. Empecé a pensar que tal vez podría pedir una cantidad decente si aprendía a pintar con acuarelas. Luego se me ocurrió acercarme a Hampstead y dibujar algunas de las casas pijas de la zona para intentar vender los cuadros a sus adinerados propietarios.

—Deséame suerte, colega —decía a George cada día cuando me instalaba ante la caja de electricidad—. ¡Nuestro futuro depende de esto!

George siempre permanecía sentado muy quieto frente al vaso de papel; se lo quedaba mirando y acto seguido miraba mi papel y los rotuladores, como diciendo: «Ya era hora de que te pusieras las pilas».

Luego se mantenía allí sentado con su aspecto bonachón y me dejaba continuar con lo mío.

En cuanto hube acumulado el dinero suficiente compré papel de buena calidad y rotuladores de punta fina en la tienda de bellas artes que estaba más arriba en la misma calle. Una y otra vez, seguí practicando, dibujando montones de chimeneas mugrientas, antenas de televisión destartaladas, firmas de grafiteros y hierbajos que crecían en las azoteas, así como partes de los bloques y los detalles más nimios del enladrillado.

Terminé dibujando los mismos edificios —los números 187 y 189 de High Street en Shoreditch— dos mil veces como mínimo, intentando plasmar hasta el último detalle. Puede que suene aburrido, pero la verdad es que no lo era. No era como copiar un cuenco con frutas una y otra vez. Aunque me sentaba siempre en el mismo punto, la vista de la calle no era nunca la misma. Había andamios y contenedores, los escaparates de las tiendas cambiaban de la noche a la mañana y los estudiantes vestidos con todo tipo de estilos decoraban las aceras.

El paisaje variaba y evolucionaba día a día. Pude observar que la zona se transformaba ante mis ojos hasta convertirse en un enorme centro de arte y cultura urbana, y quise plasmar el viejo Shoreditch antes de que fuera demasiado tarde. Nunca dibujaba gente, solo me interesaban los edificios antiguos, pero el caso es que el entorno y el ambiente de la calle me inspiraban.

Tras uno o dos meses me di cuenta de que estaba progresando y de que empezaba a sentirme un verdadero artista, a pesar de que en muchas ocasiones todavía contemplaba lo que acababa de dibujar y me parecía una porquería.

—¿Qué te parece? —preguntaba a George cuando me miraba.

—Una mierda como un piano —decía él. Lo juro.

Sabía que necesitaba seguir mejorando, pero también era consciente de los progresos. Salía a dibujar aunque hiciera mal tiempo, sin excepción. Cuando llovía, me resguardaba con bolsas de basura y protegía también a George, mientras que cuando hacía frío lo envolvía en una trenca vieja. Se la echaba por encima y le anudaba alrededor del cuerpo las mangas para que no se le cayera. Y nunca se quejaba. De hecho, se quedaba muy quieto para que no me costara tanto cubrirlo.

—¡Eh, tío, eso es muy cruel! —me gritó un borracho un viernes por la noche. Había estado en el club de striptease Brown que estaba más abajo y empezó a decirme que tenía que llevarme a George a casa.

—¿Por qué no dejas de darme por culo y te piras, tío? —le espeté. Antes le había soltado ya unos cuantos comentarios menos agresivos, pero con el mismo mensaje.

Las mujeres decían:

—¡Ooh! ¿Y está bien aquí sentado con el frío que hace?

—Sí —respondía yo—. Si intentara dejarlo en casa se volvería loco. Le encanta estar aquí fuera.

Y era cierto. En cuanto George me oía abrir la puerta se ponía en pie. Siempre estaba mucho más desesperado que yo por salir. Cuando lo dejaba solo en el piso se pasaba el rato gimiendo.

—Joder, no seas tonto —le decía—. Si solo voy a la tienda de la esquina. No tardaré ni diez minutos.

—Ya me conozco yo tus diez minutos —respondía siempre su expresión.

Una noche pasábamos por el club de striptease de Hackney Road cuando uno de los porteros salió del local para descansar un poco. Me fijé en él y tuve la sensación de que lo conocía de algo, pero tardé uno o dos minutos en darme cuenta de quién era. Era el señor O'Brien, ¡uno de mis carceleros de Pentonville! Era el tipo que había visto mi dibujo del combate de boxeo sin guantes del siglo XIX.

Creí que no me reconocería, o tal vez que no le apetecería reconocerme, por lo que yo tampoco me presenté. Sin embargo, verlo y recordar cómo había alabado mi dibujo me dio un plus de confianza.

—¿Sabes? Conseguiré ganarme la vida como artista —dije a George esa noche porque empezaba a estar realmente convencido de que así sería—. Seré rico, ya lo verás. —George no parecía muy impresionado, pero yo seguí con lo mío—. Y Brad Pitt me interpretará en una película de Hollywood. Lástima que no sea tan guapo como yo.

También empecé a fantasear acerca de la posibilidad de recuperar el contacto con Malcolm y David. Me acordaba a menudo de mi familia, y cuando comencé a creer de verdad que me ganaría la vida como artista pensaba en cómo les contaría que al final había conseguido salir del fango y en lo orgullosos que se sentirían de mí.

El año anterior, a principios de 2009, estaba viendo las noticias de la tele cuando, de repente, el presentador dijo: «Y en la lista de Honor de Año Nuevo está también el cartero David Ryan...».

Lo dejé todo para fijarme solo en el reportaje. ¡Caramba! ¡Mi hermano David había sido nombrado Miembro de la Orden del Imperio Británico por los servicios prestados a la comunidad! A pesar de que había trabajado toda la vida como cartero, siguió enseñando boxeo en el Times Amateur Boxing Club tres veces por semana y había desempeñado un tarea impresionante como voluntario para evitar que los chicos se descarriaran.

«Sí, mi madre estaría muy orgullosa», le dijo al periodista cuando le preguntaron por su entorno familiar, lo que me puso la piel de gallina.

David tenía unos cincuenta años; me impresionó bastante verlo después de tanto tiempo, pero me motivó muchísimo.

Estaba muy orgulloso de él, y deseé con fervor poder recuperar el contacto y conseguir que mi familia también llegara a sentirse orgullosa de mí.

Seguí sentándome en la acera incluso si nevaba, con los dedos amoratados porque no podía dibujar con los guantes puestos. No dejé que el frío me detuviera a pesar de la artritis, que me estaba matando. Había demasiadas cosas en juego.

—Valdrá la pena, ya lo verás —le decía a George.

—Espero que tengas razón —parecía responder siempre, aunque en realidad nunca se quejaba, ni siquiera si nos helábamos, ni cuando caía aguanieve o soplaba un vendaval.

Al final conseguí ahorrar lo suficiente para comprar a George un abrigo más grueso, forrado con piel de oveja, y aunque el frío arreciara se quedaba sentado en la acera, más bueno que el pan, como si lo hubiera hecho toda la vida.

En poco tiempo me sentí aceptado por la comunidad local y empezó a gustarme estar en High Street y que la misma gente nos saludara cada día a George y a mí. Conocía a algunos de los indigentes y otras personas que mendigaban por Shoreditch porque había coincidido con ellos en varias misiones y varios hospicios, y George y yo nos llevábamos bien con la mayoría de ellos.

Una vez me hube consolidado como habitual en esa vía, me dijeron que había turnos establecidos para el sitio que estaba a la salida de la caja del Tesco, que era el mejor lugar de Shoreditch. Me gustó ver que respetaban las reglas no escritas de la calle y que se turnaban para mendigar allí. Yo no entré en la rueda porque ya estaba satisfecho con mi sitio al otro lado de High Street, y ellos también respetaron mi decisión.

Cuando hacía frío y George llevaba puesto el abrigo de piel de cordero, la gente me preguntaba si podían hacerle fotos.

—Claro —les decía yo con la esperanza de que echarían también alguna moneda en el vaso como agradecimiento. Por desgracia, muchos de ellos lo retrataban y se marchaban sin más.

«Pueden sacarme fotos si lo desean...»

Al final, acabé poniendo una nota manuscrita que rezaba: «Pueden hacerme fotos si lo desean. Pero, por favor, ¡echen también alguna moneda en el vaso si no quieren que les dé un mordisco! Que pasen un buen día. El perro George».

La mayoría de los viandantes me veían dibujar y comprendían de dónde venía. No tenía ningún rótulo delante, pero en realidad les estaba diciendo: «Soy un artista sin trabajo».

—Me gusta que no se limite a pedir dinero —empezó a decir la gente—. Está bien que esté ahí sentado haciendo algo.

Los viernes y los sábados por la noche, a veces había tipos de la City que salían del bar de deportes y me dejaban billetes de diez o veinte libras. En esos casos les daba uno de mis dibujos; me parecía justo hacerlo. Eran simples estudios y esbozos inacabados porque todavía seguía practicando, pero al menos se llevaban algo a cambio de tanta generosidad.

En una ocasión, un par de tíos agresivos empezaron a gritarme:

—¡Eh! ¿Por qué coño no te buscas un curro?

Pero yo estaba preparado para eso. Lo había estado esperando.

Llevaba un tiempo entrenando a George para que ladrara cuando señalaba a alguien con el dedo. Comprendió la orden enseguida, como siempre que le enseñaba algo. Si ladraba cuando no debía, le levantaba la voz o le daba un cachete en el trasero con la mano, pero cuando ladraba después de que yo señalara a alguien lo llenaba de mimos. Y eso, una y otra vez.

Cuando aquellos tíos empezaron a meterse conmigo, no respondí ni una sola palabra. Me limité a levantar un brazo, los señalé y George se puso a gruñir y a ladrar. Los tipos se marcharon muertos de miedo. Desde entonces, no han vuelto a molestarme.

También lo adiestré para que se quedara muy quieto cuando veía que se acercaban otros perros. Los de menor tamaño no lo molestaban, pero si veía uno grande me obligaba a ponerme en guardia, porque había unos cuantos chuchos callejeros en la zona que podían resultar muy agresivos.

Cuando eso ocurría comenzaba a darle órdenes sin parar y me daba cuenta de que los transeúntes a menudo consideraban que me pasaba de la raya, porque no dejaba de hablarle hasta que los perros callejeros se alejaban de nuevo.

—Quieto. Buen chico, George, aquí quieto. Aquí... —le decía una y otra vez.

No me disculpaba con la gente que me miraba mal, y sigo actuando del mismo modo con George. Es lo que necesitan los animales como él, sobre todo cuando no van atados.

No todos los propietarios de perros comparten mis métodos de disciplina, por supuesto, y un día un tipo con un bull terrier pasó por High Street y se detuvo unos minutos a hablar con un amigo justo delante de nosotros. No tenía vigilado a su perro, y antes de que pudiera darme cuenta el pit bull ya había agarrado a George por el cuello con la mandíbula.

—¡Lo siento, de verdad, tío! —dijo cuando los hubimos separado—. ¡No sé cómo disculparme!

—Más que disculparte —le dije—, lo que deberías hacer es adiestrarlo, joder. Podría haberse lanzado contra un niño.

No digo que George sea perfecto, nada más lejos de la verdad. Al fin y al cabo es un perro y tiene vicios que no consigo corregir. Una de sus peores costumbres es la de zamparse cualquier porquería que encuentra por la calle. No importa la cantidad de comida que le haya dado, si huele una caja con restos de pollo y patatas fritas, se tragará hasta el cartón.

—¡Eh, guarro! —le digo siempre.

Lo desparasito con regularidad, por lo que tampoco resulta un problema para sus intestinos. Simplemente es un glotón, no puede evitarlo.

Su peor defecto con mucho es la tendencia que tiene a perder la concentración cuando cruzamos una calle. Necesita que lo vigile como un halcón a su presa, porque Shoreditch es una zona muy transitada y si no insistiera continuamente para que no se aparte de mí podría cometer un error fatal en cualquier momento.

Más o menos un año después de cambiar de zona tuvimos un susto que nos lo recordó. Era viernes por la noche y estábamos cruzando la calle a la altura de la gasolinera, cuando un autobús dobló la esquina y se detuvo en medio de la calzada. Pasé por delante de él, pero me detuve un momento para mirar si venía más tráfico, y entonces George siguió adelante más allá del autobús y se cruzó en el camino de un coche, que lo atropelló a unos treinta kilómetros por hora de manera que fue a parar literalmente bajo el frontal de aquel auto.

—¡George! —chillé.

Nuestras miradas se cruzaron mientras caía al suelo. Fue terrible, pero se levantó enseguida y me dejó que lo guiara hasta el otro lado de la calle. Le hice señas al conductor para que siguiera adelante y para darle a entender que no había sido culpa suya mientras sentaba a George en mi regazo, ya en la acera opuesta.

—¿Está bien, colega? —me preguntó un tipo que esperaba el autobús—. Se me ha hecho un nudo en el estómago.

—Creo que sí —respondí—. ¿Estás bien, George?

Me miró y parpadeó, como diciendo:

—¿Qué ha pasado?

Me quedé sentado en la acera con él y comprobé que no se había roto ningún hueso. No tenía ni un rasguño y ni siquiera temblaba. Creo que me asusté más yo que él y cuando recuerdo ese episodio todavía tengo escalofríos. Después de eso, lo llevé atado durante una temporada.

Cuando ya hacía unos meses que me sentaba en la acera a dibujar, George y yo pasamos a formar parte del mobiliario de la calle y por fin empecé a tener la sensación de pertenecer a algún lugar. No me había sentido de aquel modo desde que era un niño y vivía en President House.

—Mira ese tío —oía decir a la gente—. Se sienta allí cada día a dibujar. Y el perro no se mueve nunca. ¿Has visto?

Mis representaciones de edificios mejoraban poco a poco, y yo me abstraía por completo en mi tarea. Los viandantes se detenían a mirar cómo dibujaba, pero en ocasiones apenas me daba cuenta de que se hallaban allí por lo ensimismado que estaba trabajando. Las horas iban pasando mientras yo me fijaba en detalles cada vez menores y George esperaba sentado a mi lado sin moverse, disfrutando de la vida que transcurría a su alrededor sin pestañear. Al final, la gente empezó a preguntarme por cuánto vendía los cuadros y muy pronto estuve cobrando diez o veinte libras por dibujo. Ni siquiera estaban bien acabados. Los hacía simplemente para practicar y habría añadido más detalles si hubiera sabido que me los comprarían, pero me los quitaban de las manos de todos modos.

—¿Qué más sabe dibujar? —me preguntó una señora un buen día.

—¿Qué quiere que le dibuje? —respondí.

—¿Podría dibujarme a su perro?

Miré a George, que estaba sentado muy guapo e imponente, con el abrigo puesto y frente al vaso de papel, y no me sorprendió que aquella mujer quisiera que se lo dibujara.

Muchas personas lo habían fotografiado de ese modo y yo ya tenía previsto intentar retratarlo, por lo que al verlo fue como si de repente hubiera encajado una pieza suelta. Parecía tan calmado y sereno que me vinieron ganas de plasmarlo en esa actitud.

—Claro que puedo —le dije—. Si vuelve dentro de media hora se lo tendré listo.

—Perfecto, gracias. ¿Cuánto me costará?

—Diez libras por ser usted, señora.

Intenté transmitir la máxima confianza posible, pero a decir verdad no estaba muy seguro de cómo saldría el dibujo. Era la primera vez en mi vida que mi modelo era un perro; aun así, al fin y al cabo se trataba de George…

En cuanto me puse manos a la obra me di cuenta de que ese sería un gran paso para mí. El arte del retrato no se limita a plasmar la imagen sobre el papel, se trata también de capturar el espíritu de la persona o del animal que estás dibujando. A esas alturas ya conocía a George del derecho y del revés —todas sus peculiaridades, gestos y posturas—, y quería hacerle justicia. Era una habilidad completamente distinta a dibujar los edificios que me rodeaban, pero en cuanto empecé supe que sería especial. Plasmé sus ojos brillantes, la curva pronunciada de la panza, el hocico corto y grueso pero, por encima de todo eso, lo dibujé a él: a mi mejor amigo. Me quedó tan bien como podría haber esperado. Cuando dejé los rotuladores y miré el resultado fui consciente de algo más: era la primera obra que había terminado del todo y, más importante todavía, era mi primer encargo. George había sido el motivo por el que había vuelto a dibujar y desde ese momento era también el motivo por el que podía considerar que me dedicaba al arte. Debajo del dibujo simplemente escribí: «El perro George. Shoreditch, Londres».

—¡Me encanta! —exclamó la señora cuando volvió más tarde.

Está mal que lo diga yo mismo, pero reconozco que no me sorprendió su reacción. Sabía que realmente había conseguido retratar a George, pero al ver la reacción de la señora mis sospechas quedaron confirmadas.

—Me alegro, de verdad —dije con tranquilidad—. No sabe lo mucho que me alegro. ¡Que tenga un buen día!

Por fuera mantuve la compostura, pero por dentro no hacía más que gritar: «¡Joder! ¡Que he vendido mi primer encargo! ¡Soy un puto artista!».

Después de eso empecé a dibujar a George con regularidad y también a vender obras cada día. Los empleados de las tiendas y las oficinas así como los propietarios de los comercios del barrio empezaron a hablar sobre nosotros, y de repente empezaron a circular por Shoreditch rumores acerca de George y de mis creaciones.

Fui consciente de que estaba progresando. Seguía viviendo bajo el umbral de la pobreza, pero los planes que tenía para ir a dibujar las casas de Hampstead quedaron en segundo plano, porque me di cuenta de que había dado con algo incluso mejor. Algo que, con el tiempo, estaba seguro de que valdría la pena.

—Lo conseguiré —aseguraba a George cuando notaba que necesitaba reafirmar mi confianza—. Lo lograré.

En esos casos él siempre me miraba como si me faltara un tornillo, pero estaba seguro de que tendría la oportunidad de demostrárselo algún día.

—No me mires así, cabrón —le decía yo—. Ya lo verás.

17

Un viernes por la tarde estaba sentado en mi sitio habitual, dibujando, cuando dos chicos se me acercaron y me preguntaron si podían encargarme una obra para un libro que estaban preparando. Aquello era algo nuevo. Sabía que se hablaba de mis dibujos, pero participar en una publicación era otra cosa. Parecía más profesional.

—Suena bien —dije con un brillo en los ojos—. ¿Qué libro es?

Los chicos se presentaron como Steven Moffett y Steven Dray y me explicaron que la publicación se llamaba *Shoreditch Unbound* [Shoreditch sin encuadernar]. Eran tipos creativos y me contaron que sería una edición limitada con una recopilación de artículos, imágenes y obras de arte que serviría de testimonio de la historia de Shoreditch, para mostrar el talento existente en la zona en ese momento. Más adelante me enteré de que incluiría la obra de varios artistas, desde Tracey Emin hasta Gilbert & George.

Estaba empezando a conocer la escena artística bastante bien. Había visto grupos de gente haciendo tours para ver creaciones extrañas y maravillosas como las de un pintor llamado Ben Wilson, que usa como lienzo los chicles pegados en la acera. Me había acercado a la intersección con Great Eastern Street para echar un vistazo al muro del Village Underground, al que acudían artistas urbanos de todo el mundo para ejecutar sus obras. Y cada vez más, conversando con la gente del barrio, oía mencionar nombres de algunos tan famosos como Stik y Thierry Noir, como si dieran por supuesto que yo también los conocía, aunque a decir verdad no me decían gran cosa. Confesé mi ignorancia a un amigo indigente que tuvo la amabilidad de ponerme al corriente.

—Ve a ver Rivington Street —me dijo—. Stik dibuja muñecos de palitos y Thierry Noir es ese francés que pintó en el Muro de Berlín. Sus caras son muy coloristas, con los ojos blancos y los labios gruesos.

Fui a verlo y quedé fascinado por la obra de esos artistas.

En cuanto me hube enterado de todo aquello, me sorprendí de que hubieran venido a buscarme para un libro que también incluiría a aquellos creadores, por no mencionar a otros como Tracey Emin y Gilbert & George.

De hecho coincidí con estos dos últimos en High Street unas cuantas veces. Vivían allí, más abajo de Brick Lane, y a menudo los veía pasear juntos. Durante un tiempo nos limitamos a saludarnos con la cabeza. Pasaban por delante de mi sitio cada tarde a la misma hora, siempre vestidos con sus trajes de tweed conjuntados. Cada vez que me veían echaban un vistazo a lo que estaba dibujando y me daban indicaciones. Yo me sentía increíblemente orgulloso de haber llamado la atención de dos artistas de ese calibre.

Tengo que confesar que nunca había oído hablar de ROA, pero más adelante descubrí que se trataba de un renombrado artista callejero belga conocido por sus gigantescos dibujos en blanco y negro de aves y otros animales. La primera vez que dejó su huella en Londres lo hizo pintando un enorme conejo en el muro de un estudio de grabación de Hackney, aunque también tenía unas cuantas obras impresionantes en Shoreditch.

Volví a ver a los dos Steven dos días más tarde, en el mercado dominical de flores de Columbia Road, y les di un par de dibujos. En una hoja había realizado estudios de los rostros de tres hombres; en la otra, la tienda Leather & Suede y los decrépitos edificios que había encima de ella y al lado. Puse al pie de las obras «John Dolan, High Street, Shoreditch, 2011», les cobré ciento cincuenta libras y firmé algo que les concedía los derechos de reproducción.

No volví a pensar en ello. No tenía ni idea de si el libro tendría éxito o incluso si llegaría a imprimirse siquiera, pero en cualquier caso había sido halagador que me hubieran pedido una contribución. Me hizo sentir todavía más partícipe de aquella comunidad y me alentó aún más a confiar en mí mismo.

Poco tiempo después, George y yo salíamos de mi piso un día cuando de repente noté un dolor increíble en las dos piernas, a tal punto que me sentí incapaz de moverme. Un tipo mayor que yo estaba saliendo de su apartamento en ese mismo momento y reparé en que llevaba muletas.

—¿Tienes otro par para dejarme? —le pregunté, porque me había dejado las mías en casa.

—No, vete a la mierda. Allí hay una ambulancia, pídeselas a ellos —me respondió.

Efectivamente, había una ambulancia calle abajo, pero era incapaz de moverme, por lo que tuve que llamar por teléfono para pedir que viniera otra a buscarme y se me llevaron al hospital para hacerme radiografías. George me acompañó en la parte trasera, y durante el trayecto lo abracé tan fuerte como pude. Pensaba en lo difícil que resultaría cuidar de él con un tobillo roto. Por suerte, los médicos me dijeron que no había sufrido ninguna lesión grave y que solo había sido un dolor especialmente agudo provocado por la artritis. Más tarde, ese mismo día, conseguí llegar a casa con un nuevo par de muletas y una receta para comprar analgésicos.

Más o menos un mes después de eso estaba en un autobús con George cuando vi al tipo que me había mandado a la mierda.

—Me llamo Les —dijo mientras se me acercaba—. Siento lo de las muletas y todo eso. Ese día lo estaba pasando realmente mal con el dolor. Te pido disculpas.

Resultó que Les era un gay seropositivo que padecía osteoporosis. Estuvimos charlando un rato, nos caímos bien y luego me invitó a su piso a tomar café. Enseguida le conté mi vida y lo que estaba haciendo en High Street.

—Solo me queda el arte —dije—. Es la única esperanza que tengo ya de cambiar el curso de mi vida.

No se lo había contado a nadie más que a George, y me hizo sentir bien tener a alguien con quien charlar. Además, me di cuenta de que Les también apreciaba mi compañía.

—Vuelve otro día —me dijo—. Quiero ver tu obra en el libro cuando salga publicado.

Creo que se sentía solo, y le prometí que iría a verlo de nuevo muy pronto. Con el tiempo, Les y yo nos hicimos muy buenos amigos. Me presentaba en su casa a menudo; si me quedaba sin agua caliente, me dejaba utilizar su lavadora y yo le daba veinte libras para agradecérselo. Me burlaba de él llamándolo «reinona» y «mamá», aunque realmente se convirtió en algo parecido a una madre para mí. Podía hablar con él de cualquier tema, y siempre nos trataba con mucho mimo tanto a mí como a George.

Yo contaba a Les lo que sucedía en la calle y él me explicaba lo que ocurría en el resto del mundo, ya que siempre estaba mirando las noticias de la tele. Yo había dejado de verlas porque estaba hasta las narices de oír informaciones acerca de los recortes en prestaciones sociales, pero Les se las tragaba siempre y cada vez que nos veíamos me refería la última ocurrencia de David Cameron.

La conversación siempre resultaba interesante, y yo miraba a George y le decía:

—¿Ves? Al menos con Les puedo hablar bien sobre cosas interesantes. ¡En cambio contigo…! —Cuando me burlaba de

George de ese modo, Les se reía, de manera que yo no dejaba de hacer bromas por el estilo—. Eh, George, eres el único que no necesita muletas. Podrías levantarte tú y encender el hervidor para variar, ¿no? —le decía. Les se tronchaba.

Un día, una mujer se me acercó en High Street y me explicó que tenía una galería de arte en algún lugar de Brixton. Por aquel entonces yo dibujaba muchos retratos, y ya que al parecer le interesaron especialmente me dio su tarjeta.

Yo ni siquiera había decidido lo que haría al respecto cuando se plantaron delante de mí dos señoras más. Me contaron que planeaban organizar una exposición y que también tenían una galería de arte. Quedamos en vernos al día siguiente, pero llovía tanto que decidí quedarme en casa.

Me ocurrió algo parecido más o menos un mes más tarde, cuando un grupo de artistas me dijeron que estaban preparando la grabación de un vídeo de la zona con Lemar, un cantante de rhythm and blues. Me preguntaron si estaba interesado en hablar con ellos acerca de mi obra y acordamos una cita. Sin embargo, o bien llegaron tarde o bien decidieron no presentarse, pero el caso es que al final me cansé de aguardar y volví a casa.

Yo contaba a Les todas esas cosas; me gustaba oír su opinión al respecto.

—¿Debería haber tenido más paciencia o implicarme más? ¿Tú qué crees?

—Que deberías escuchar lo que te dice tu instinto —respondía siempre Les—. ¿Alguno de ellos te dio buen rollo?

—No, de lo contrario habría insistido.

—Exacto. Sabrás cuándo tienes que hacerlo. Todo ese interés que despiertas puedes tomártelo como un cumplido al tiempo que esperas a que llegue el momento adecuado. No tardará mucho.

Yo escuchaba los consejos de Les mientras seguía a mi aire, sentándome con George en High Street cada día, daba igual el tiempo que hiciera. A esas alturas cobraba veinte libras por algunos de los retratos de George, porque invertía más tiempo en ellos y cada vez los hacía más detallados, sobre todo cuando lo dibujaba con el abrigo de piel de cordero.

La gente empezó a pedirme que plasmara a su pareja o a su perro y yo los esbozaba mientras esperaban, además de seguir dibujando los edificios de High Street. Había muchas obras y, aunque no lo había planificado exactamente de ese modo, mis creaciones registraban los cambios que estaban teniendo lugar en High Street.

Había una vieja valla publicitaria cerca del 187 de High Street en Shoreditch y, para añadir un poco de gracia a las composiciones, empecé a escribir mis propios eslóganes en ella cuando la incluía en mis dibujos.

«David Cameron es un CARBÓN» era mi preferido, porque gracias a Les estaba al corriente de cómo el gobierno se estaba cargando el sistema de prestaciones sociales.

Los cambios que David Cameron estaba implementando pretendían erradicar los abusos del sistema, pero la gente que cometía esos abusos era solo una parte insignificante de los que los reclamaban. La gran mayoría de los ciudadanos estaban en la misma situación que yo, necesitaban una ayuda para salir del lodo. De no haber tenido a George, sé que habría vuelto a robar porque con mi historial y mis antecedentes penales esa era la única manera de ingresar el dinero suficiente para mantenerme a flote.

En cualquier caso, la suerte quiso que esos dibujos que incorporaban la valla llamaran la atención de los transeúntes. Se me acercaban incluso chicas jóvenes, que hacían unos mimos a George y me decían:

—¿Tiene alguno de esos dibujos del C★★★ÓN? ¿Podría hacerme uno, por favor?

Me sorprendía oírlas hablar de ese modo tan grosero, pero tampoco me quejaba. Una venta era una venta.

El ambiente de la calle cuando sucedía todo eso era genial y me gusta pensar que las miradas sarcásticas de George estaban disminuyendo gracias a la atención que recibía de la gente.

—Te lo pongo en bandeja y nos va mejor.

Apuesto a que habría dicho algo por el estilo.

18

Una tarde del mes de agosto de 2012, un joven muy bien vestido se me acercó y se presentó como Richard Howard-Griffin. Me explicó que trabajaba con varios artistas callejeros reconocidos y que los representaba. Vino con su amigo Cityzen Kane, famoso por sus esculturas en tres dimensiones de máscaras de espíritus que decoran los muros que rodean el East End.

Richard, al que también se lo conocía como Griff, se mostró entusiasmado y me soltó que estaba interesado en trabajar conmigo.

—Me gusta mucho tu obra —me dijo con tono afectado—. Sería fantástico que pudiéramos colaborar en algún proyecto.

Me pareció amable, y no cabía duda de que era un tipo inteligente. Aparentaba veintipocos, pero me contó que tenía un despacho y un estudio en Rivington Street, a la vuelta de la esquina de donde yo me sentaba.

Le hablé de *Shoreditch Unbound* y del hecho de que otras personas se hubieran fijado ya en mi obra, y le dije que me interesaba de verdad lo que pudiera ofrecerme.

Cityzen Kane me compró uno de los dibujos en los que ponía «David Cameron es un CARBÓN» y Griff me preguntó si podía hacer uno de mayor tamaño del 187 del High Street de

Shoreditch, pero con la valla publicitaria en blanco. Por supuesto, respondí que sí. Se acercó a la tienda de material de bellas artes que había más arriba y me compró un lienzo grande y un montón de rotuladores, incluido un Magic Marker. Le prometí que terminaría el dibujo tan pronto como fuera posible.

Esa fue la única promesa que hice, no acordamos ninguna cita ni cerramos ningún trato, pero tuve buenas sensaciones respecto a Griff. Era enérgico, visionario y no había soltado ninguna memez. Eso me gustó. Tuve la corazonada de que trabajaríamos bien juntos.

Tardé unos días en terminar aquel dibujo grande del edificio y lo hice con el Magic Marker, lo que le dio cierto aire pop art. Mientras dibujaba sentado en High Street, alguien se me acercó y me preguntó si podía comprarlo.

—Lo siento pero no, este es para un galerista —respondí, lo que me hizo sentir un cierto entusiasmo. Estoy seguro de que George sonrió con suficiencia.

Dejé la valla publicitaria en blanco, tal como Griff me había pedido, y quedé muy satisfecho con el resultado.

Incluso George levantó las cejas al verlo.

—No está nada mal —exclamé—. Aunque no esté bien que lo diga yo mismo.

George se limitó a darse la vuelta y a sentarse muy tranquilo frente al vaso. Creo que seguía deliberando su veredicto, porque es un escéptico de cuidado.

Unos días más tarde llevé aquel lienzo gigantesco al estudio de Griff envuelto en una bolsa de basura. Al verlo, se quedó de piedra. Sostuvo el dibujo en alto y lo miró desde todos los ángulos, con diferentes paredes de fondo y el brazo extendido para apartarse un poco para admirarlo.

—Me gusta —dijo—. De verdad.

Y entonces fue cuando me contó la idea que había tenido. Quería invitar a artistas urbanos a que llenaran la valla publicitaria que yo había dejado en blanco en mi dibujo. Para ser sincero, debo decir que no me quedó muy claro el concepto. Pensé que quería que dibujara una obra mía en la valla del mismo modo que había hecho con los eslóganes. Lo que en ese momento no sabía era que Griff no estaba pensando en pedir contribuciones de artistas urbanos cualesquiera, sino que quería a los mejores del mundo.

Griff contemplando el lienzo.

Le dejé el lienzo, prometió devolvérmelo y a mí no me quedó ninguna duda de que lo haría.

Mientras tanto, me metí la tarjeta de Griff en el bolsillo y empecé a preguntarle a una o dos personas qué les parecía el tipo.

—Ah, ese tipo… No te puedes fiar de él —me aseguró un comerciante local que afirmó saber quién era Griff. Acto seguido, se echó a reír.

—No hay duda de que es la persona perfecta —dije más tarde a Les—. Sea o no un pijo, ¡puede que tengamos unas cuantas cosas en común!

Ese septiembre, los dos Steven se presentaron de nuevo y

me trajeron un ejemplar impreso del *Shoreditch Unbound*. Mis dibujos de los rostros masculinos y de la tienda de artículos de piel Leather & Suede aparecían en una doble página de tamaño A4, justo antes de una gran imagen de Boy George. Quedé impresionado y recorrí las páginas con la mirada lleno de entusiasmo, fijándome en las imágenes y en artículos sobre grandes como Tracey Emin y Gilbert & George y los artistas urbanos Stik y Thierry Noir.

El libro era realmente insólito, estaba encuadernado con una espiral de libreta y se vendía al público por ochenta libras. Tenía mucho estilo y, al ver mi obra publicada para la posteridad, se me hizo un nudo en la garganta.

—¿Sabéis? Esto es lo máximo que he conseguido en la vida —confesé a los chicos—. No podéis imaginar lo mucho que significa para mí.

Más tarde, mientras hojeábamos el libro en el piso, dije a George:

—Mira esto… ¡Han publicado mi obra!

Él no comentó nada al respecto, ni siquiera me dirigió una mirada irónica. Me gustaría pensar que se enteraba de cómo se iban sucediendo las cosas y que se limitaba a esperar a ver cuál sería el siguiente paso, igual que yo.

Esa experiencia del *Shoreditch Unbound* me dio más seguridad en mí mismo, y un día decidí llevar el libro a una galería de arte local para ver si despertaba interés por mi obra y, tal vez, incluso negociaba una exposición. Estaba rebosante de orgullo y entusiasmo mientras mostraba mis dibujos publicados, pero al propietario de la galería no le interesó lo más mínimo y ni siquiera tuvo la decencia de rechazarme de forma amable. Me echó de mala manera, y eso me sacó de quicio. En ese momento me di cuenta de que hacía falta mucho más que un simple par de esbozos publicados en un libro para entrar en el mundillo del arte.

Seguí dibujando retratos de George, vistas de High Street y

vallas publicitarias, y los vendía por diez o por veinte libras mientras esperaba algo mejor. La reacción del galerista había sido un revés, pero una vez superada la primera decepción no dejé de creer en mí. Gracias al *Shoreditch Unbound* estaba seguro de que solo era cuestión de tiempo hasta que acabara ganándome la vida como artista; tenía que seguir trabajando mientras esperaba que se presentara una oportunidad. Me sentía muy optimista acerca de que la ocasión adecuada llegaría tarde o temprano. Además, a pesar de no haber visto a Griff desde hacía un tiempo, seguía teniendo el presentimiento de que él sería quien me ayudaría a arrancar.

Poco a poco empecé a añadir color de vez en cuando a mis dibujos y se me ocurrieron un par de eslóganes más para la valla publicitaria que gustaron a la gente. «Bollox.com» [Gilipolleces.com] fue uno de ellos, para burlarme de toda la porquería que circula por internet, y «Sex, drugs and rock and roll, and a nice cup of tea» [Sexo, drogas, rock and roll y una buena taza de té] era el otro porque reflejaba el hecho de que empezaba a redirigir mi vida.

En febrero de 2013, Griff vino a verme a High Street. Una vez más, llovía a cántaros y George y yo nos habíamos cobijado bajo un paraguas. Recuerdo que tenía la esperanza de que ese fuera el último invierno que pasaba en la calle. No había dado la lata a Griff en absoluto a pesar de que habían pasado seis meses desde nuestro primer encuentro. No me preocupaba; sabía que acabaría apareciendo en el momento adecuado.

Griff me dijo que no se había puesto en contacto conmigo porque había estado increíblemente ocupado organizando unos festivales de arte urbano de gran calibre que iban a tener lugar en los meses de mayo y junio en Dulwich y Chichester.

Volvimos a hablar de la idea de la valla publicitaria y de los planes que habíamos hecho de colaborar con artistas urbanos de todo el mundo.

Me explicó alguna cosa más y lo escuché con interés, aunque no estaba muy seguro de lo que se estaba fraguando. Cada vez era más conocido, pero apenas había empezado a considerarme un artista de verdad y la idea de colaborar con otros artistas a esas alturas me parecía un salto enorme hacia lo desconocido.

Sin embargo, Griff insistió y me dijo que al cabo de unos días se encontraría con Sik y Thierry Noir en la cafetería de la esquina, al otro lado de la calle en la que yo estaba sentado.

—Si quieres, puedes venir y así te los presento —me dijo.

Yo ya sabía quiénes eran y había visto unos cuantos murales suyos, pero todavía no conocía bien sus obras, por lo que pedí a Griff que me contara más cosas de ellos.

Me contó que Stik había estado pintando sus muñecos de palitos por el East End durante más de una década y que empezaba a gozar de reconocimiento internacional. También producía muchos espectáculos de éxito y trabajaba para organizaciones benéficas como Amnistía Internacional, lo que me dejó impresionado. Thierry Noir, por su parte, había adquirido fama en todo el mundo por haber pintado de forma ilegal varios kilómetros del Muro de Berlín y había colaborado con gente tan afamada como los U2. Griff había conocido a Noir en Berlín más o menos durante la misma época en la que me había conocido a mí y lo había invitado a venir a Shoreditch para pintar junto con Stik el muro del Village Underground, en Holywell Lane. También conocido como VU, Village Underground es uno de los puntos de arte urbano más prestigiosos de Londres. Iban a reunirse en la cafetería de la esquina para empezar a planear lo que harían.

Yo acepté encontrarme con ellos, pero seguía sin estar muy seguro acerca de cómo saldrían las cosas. Mientras me despedía de Griff, miré a George para ver qué estaba pensando. Su mirada solo podía significar una cosa:

—Mucha suerte, amigo mío. La vas a necesitar.

Dos días después, cuando llegamos a la cafetería, Griff ya

estaba allí con dos tipos ataviados con chaquetas reflectantes, como si trabajaran de barrenderos, y con una joven llamada Carina a la que presentó como su ayudante.

Me estaba preguntando cuánto tardarían en llegar aquellos artistas tan famosos cuando Griff me presentó a los dos tipos de aspecto modesto que estaban sentados con él, los que llevaban las chaquetas reflectantes.

—Este es Stik —dijo Griff mientras sonreía al más joven de los dos—. Y este de aquí, Thierry Noir —añadió mientras asentía de forma educada y entusiasta en dirección al otro hombre.

Era evidente que Griff sentía un gran respeto por los dos artistas; su sonrisa lo demostraba. Los trataba como si fueran estrellas del rock, y no le faltaba razón porque en el mundo del arte urbano esos dos tipos son legendarios. Sin darme cuenta empecé a actuar igual que Griff. Era como encontrarse frente a la excelencia personificada; quedé embelesado por la energía que desprendía aquella reunión y me sentí honrado de estar allí. Me resultaba humillante pensar que Thierry Noir había estado pintando el Muro de Berlín cuando yo era un ladronzuelo de dieciocho años a punto de entrar en Feltham por primera vez. Y ahí estábamos, sentados en una cafetería de Shoreditch, tomando té y a punto de hablar de la posibilidad de colaborar en una obra de arte. No parecía una situación real.

Entonces fue cuando comprendí la gran idea de Griff y debo decir que era rematadamente buena. Empezando por Stik y Thierry Noir, se había propuesto pedir colaboraciones a artistas urbanos de alto nivel que crearían sus obras en las vallas publicitarias vacías de mis dibujos de High Street de Shoreditch como si estuvieran pintándolas en la misma calle. Además de hacer las presentaciones para que nos conociéramos, Griff quería saber qué opinaban Stik y Noir de su propósito.

—Me gusta, la idea es muy buena —dijo Stik cuando Griff le mostró mi obra.

Thierry estuvo de acuerdo con él.

—Es un concepto muy interesante —afirmó—. Y me gusta lo que haces, John. Creo que vas por buen camino.

Los dos se mostraron muy amables y me animaron a continuar; viniendo de ellos, eso significó mucho para mí. Pude notar cómo la adrenalina recorría todo mi cuerpo. Eran dos artistas respetados, y no solo me estaban alegrando el día, sino que estaban valorando la posibilidad de colaborar conmigo. Y lo que es más, dejaron claro que estaban dispuestos a trabajar a cambio de nada con tal de que el proyecto arrancara, porque sabían perfectamente lo que suponía encontrarse en la calle y estar empezando, como era mi caso.

Más adelante me enteré de que Griff les había contado que yo era lo que él llamaba «auténtico». En otras palabras: con mi largo historial de indigencia, procedía realmente de la calle. Seguía trabajando en las aceras, dibujando para sobrevivir, y ese era precisamente el motivo por el que me respetaban tanto.

Di a Thierry un retrato de George y a Stik unos cuantos dibujos más que llevaba encima, porque quería ofrecerles algo a cambio. Me lo agradecieron y me desearon buena suerte.

Stik y Thierry Noir haciendo planes.

Posteriormente pasé por el despacho que Griff tenía en Rivington Street para hablar de negocios. George también venía conmigo.

—¿Qué puedes hacer por mí exactamente? —pregunté a Griff cuando nos sentamos ante su mesa.

—John, ¿qué quieres que haga por ti?

—¡Conviérteme en un artista rico! —dije medio en broma.

—¡Eso está hecho! —respondió.

—¿Y por qué tendrías que hacer algo así por mí?

—Porque soy buena persona.

Era evidente que hablaba con ironía, pero George y yo nos miramos de todos modos.

Si hubiera habido un bocadillo de cómic por encima de nuestras cabezas describiendo lo que estábamos pensando sin duda habría contenido las palabras: «¡Menuda gilipollez!».

Pregunté directamente a Griff qué quería a cambio si, en efecto, nos poníamos de acuerdo y se convertía en mi representante. Me contestó que empezaríamos repartiendo los beneficios de cualquier venta.

—¿Al cincuenta por ciento? —comenté con una carcajada—. Joder, te conformas con poco, ¿no?

Los dos terminamos la conversación riendo y cerramos el trato con un apretón de manos. No pensaba ponerme a discutir por dinero, pero tampoco estaba dispuesto a firmar nada. A Griff le pareció bien. Eso no se lo dije, pero lo único que quería era no pasar otro invierno en la calle y tenía verdaderas esperanzas de que él pudiera ayudarme.

Me proporcionó una buena cantidad de papel y rotuladores de excelente calidad, y volví a la acera para seguir dibujando vallas publicitarias. Griff no tardó en regresar con ideas nuevas y mejores. Tras la respuesta positiva que había obtenido de Stik y Noir, confiaba en conseguir colaboraciones de artistas de todo el mundo para realizar grandes dibujos con vallas publicitarias. Y no me refiero a creadores cualesquiera, pues Griff quería mandar copias serigrafiadas a todos los artistas urbanos que conocía por todo el globo, de Rusia a Berlín, desde Colombia hasta Los Ángeles.

Eso me sonó muy ambicioso. Desconocía que Griff tenía tan buenos contactos, así que no podía juzgar lo realista que era la idea, pero tras el encuentro con Stik y Noir decidí confiar en él. No me preguntéis cómo o por qué, pero tuve la clara sensación de que todo saldría bien.

Griff también me dijo que quería que dibujara otros edificios a gran escala que estaban cerca de Shoreditch además de los que estaba acostumbrado a dibujar. También me pidió que plasmara muchas más escenas de High Street y los retratos de George.

—¿Por qué? —le pregunté.

No veía sentido al resto de los dibujos que me estaba pidiendo. No me parecían adecuados para la idea de la colaboración.

—Porque si puedes reunir todo ese material podríamos hacer una exposición —dijo Griff.

Su respuesta me dejó de piedra. ¿Mis dibujos expuestos en una galería de arte? No solo eso, sino que además se trataba de una exposición individual y, si todo transcurría según lo planeado, mi creación estaría respaldada y embellecida por el talento de leyendas mundiales del arte urbano. Aquello me pareció demasiado.

—¿Cuántas obras necesitas para ello? —pregunté. Estaba tan entusiasmado que necesitaba asegurarme de que realmente podría cumplir con lo que Griff me estaba pidiendo.

—¿Además de las colaboraciones con los artistas urbanos? Cincuenta de High Street y cincuenta retratos de George —respondió.

Aquello era un montón de trabajo, sobre todo porque nunca había dibujado bajo ningún tipo de presión.

—¿Cuándo sería la inauguración? —pregunté con indecisión.

—Dentro de cuatro o cinco meses.
—¿Y dónde?
—Eso todavía no lo he pensado.
—De acuerdo, entonces más vale que me ponga manos a la obra enseguida.

No pude evitar una gran sonrisa a pesar de que mi cabeza no paraba de dar vueltas al tema. No estaba acostumbrado a asumir una responsabilidad como aquella, pero sin duda no quería decir o hacer nada que pudiera fastidiar la oportunidad que se me brindaba. Era la mejor que se me había presentado en la vida y suponía la gran esperanza de hacer algo que, por fin, nos asegurara el futuro tanto a mí como a George. Por no decir que, además, era la ocasión perfecta para conseguir que mi familia se sintiera orgullosa de mí.

19

John, necesito saberlo. ¿Tienes algún problema?
La pregunta me la hizo Griff. Era la primera vez que lo veía enfadado.

Enseguida caí en la cuenta de a qué se refería, por lo que me levanté de la acera avergonzado. Sabía que no era el momento de cagarla.

—¿Qué quieres decir?
—¿Alcohol? ¿Drogas?

Intentar engañarlo no tenía ningún sentido. Había hecho mucho por mí, y no quería que la confianza que había surgido entre nosotros se fuera al traste.

—Sí, cierto, tengo un problema con las drogas y lo arrastro desde hace muchos años. Puedo explicártelo.

Me da vergüenza admitirlo, pero la verdad es que no había conseguido dejar atrás mi adicción a las drogas ni siquiera después de haber adoptado a George. Me metía la cantidad mínima de heroína que podía permitirme a diario solo para mantener a raya los síntomas del síndrome de abstinencia. La gente que me veía en High Street jamás habría descubierto que tenía un problema y, de hecho, Griff había tardado mucho tiempo en descubrirlo. El caso es que mi comportamiento era normal, no era el típico drogata que anda descuidado, nervioso, ojeroso y con la piel hecha un asco. Desde que me habían asignado la habitación había empezado a cuidar mi imagen y me las arreglaba muy bien para trabajar y hablar con la gente en la calle cada día. Por desgracia, no había sido capaz de eliminar los últimos rastros visibles de mi adicción por más que lo hubiera intentado.

Se lo conté todo a Griff; tenía que ser sincero con él, se lo debía. También quería que supiera que en ningún momento había intentado engañarlo. Estaba tan acostumbrado a controlar ese problema a mi manera que me parecía de lo más natural, y jamás sentí la necesidad de hablar de ello con nadie.

Griff me escuchó antes de responderme con calma:

—John, necesito saber que puedes terminar la exposición. ¿Puedo confiar en que tendrás los dibujos acabados?

—Sí, puedo hacerlo. No te fallaré —le dije—. Mañana iré al médico y entraré en un programa de desintoxicación. Nunca había tenido un incentivo tan bueno como este. Lo haré.

Poco después de eso, Griff tomó una decisión con la que, como suele decir él, pasó el Rubicón. Esa decisión tenía mucho más que ver con la intuición y el instinto que con los negocios. Me ofreció un adelanto de mil libras por todos los dibujos de High Street y los retratos de George, con la esperanza de que eso me ayudaría a concentrarme y me daría el impulso necesario para cumplir con mi parte del trato.

—Te aceptaré cien libras —le dije, porque no quería derrochar el dinero y tampoco tenía ninguna cuenta corriente—. ¿Puedes guardarme las novecientas restantes?

Creo que a Griff le sorprendió mi reacción, pero aceptó de todos modos. Puso el dinero a buen recaudo en su despacho y me aseguró que lo tendría allí para cuando lo quisiera.

Posteriormente me contó que nunca había experimentado una presión semejante a la que sintió durante los meses siguientes y hasta el día de la inauguración.

—No todas las exposiciones de arte llevan a cuestas la vida entera de una persona —cuenta ahora a la gente.

Y reconozco que ese era mi caso. Con la exposición no solo me estaba jugando mi situación económica, sino también mi salud y mi futuro, además del de George.

Griff se lo toma a la ligera en este momento, pero no entonces. Él llevaba pocos años en el negocio cuando empezamos a planear la exposición, y ya estaba gastando dinero a manos llenas para organizar los festivales de arte urbano de Dulwich y Chichester. Llevaba desembolsados varios centenares de libras en material para mí y había conseguido que dos pesos pesados como Stik y Thierry Noir se pusieran manos a la obra con el proyecto. Me había dado un adelanto antes de que hubiera terminado los dibujos para lo que él llamaba «las colaboraciones» y solía trabajar hasta las dos de la madrugada para prepararlo todo al detalle. Tenía que salir bien, seguro.

A pesar de la presión a la que estaba sometido, Griff seguía teniendo ideas para las colaboraciones. Si conseguía que me dejaran acceder a una azotea cercana podría incluir el muro del Village Underground en el dibujo y eso proporcionaría un sitio para incluir el arte urbano que sería mejor que la valla publicitaria. La silueta de edificios de Londres también debía de ser fantástica desde un lugar elevado de High Street en Shoreditch, y para mí supondría un verdadero reto dibujar todo aquello. Con mucho esfuerzo se las arregló para que yo pudiera acceder a la azotea de un bloque de edificios que quedaba detrás del supermercado Tesco, frente a mi sitio habitual y por encima de High Street. Griff vino para sacarme literalmente de la acera y llevarme a rastras hasta allí arriba con un caballete y acompañado por George. Cuando él no estaba mandaba a su ayudante Carina. La ubicación era soberbia. Además del muro del Village Underground, desde allí podía ver los vagones de tren reconvertidos que estaban detrás y que se utilizaban como estudios de arte y, más allá, los rascacielos Heron Tower y Broadgate Tower, que permitían ver la punta del Gherkin a la izquierda. En primer plano tenía la línea de ferrocarril que trazaba una curva desde la izquierda pasando por encima de la transitada calle y la infame sauna Chariots, que quedaba medio oculta tras las vías.

En cuanto comencé a trabajar en la silueta de los edificios sentí una gran seguridad y empecé a creer en mí más que nunca. Quería que el dibujo quedara absolutamente perfecto, por lo que le dedicaba mucho tiempo y me aplicaba a fondo cada día. Fue un proceso laborioso y las condiciones en las que tenía que crear no fueron las mejores. Los empleados de las oficinas demostraron cierto desdén al verme llegar con George, el caballete y todos los bártulos. La climatología tampoco es que fuera una maravilla, y perdí varios días por culpa del exceso de humedad y del viento, que me impedían pasar mucho rato en la azotea. A medida que pasaba el tiempo conseguí unas cuantas fotografías de la silueta de aquellos edificios para poder trabajar en el cuadro por la noche.

A fin de dar publicidad a mi obra, Griff contrató a un cineasta local, Will Robson-Scott, para que rodara un corto documental sobre mí. Esa experiencia me gustó mucho porque Will me llevó a los lugares que más había frecuentado, incluida la prisión de Pentonville.

Por el camino, yo decía a los taxistas:

—¡Estamos filmando esto porque estoy a punto de triunfar como artista!

Mientras Griff estuvo ausente con motivo del festival de arte urbano de Chichester, vinieron a verme unos músicos de rock que resultaron ser la banda Heaven's Basement. Iban a entrevistarlos en el programa de Radio 1 que conducía la disc jockey Alice Levine. El formato del mismo establecía que los invitados tenían que llevar un regalo a Alice y al otro presentador. Los dos músicos me pidieron que les dibujara un retrato de los locutores, y así lo hice. Por aquel entonces los rostros femeninos no eran ni mucho menos lo que mejor se me daba y rogué a los chicos que se lo hicieran saber a Alice, puesto que no quedé contento en absoluto con el resultado. De hecho, me parecía una auténtica porquería. En cuanto los músicos empezaron a transmitir mi mensaje por las ondas, Alice dijo:

—Dejad que lo adivine: ¡dibujar caras femeninas no es su fuerte!

Eso arrancó de los presentes una gran carcajada, pero al menos se refirieron a mí en antena. Los músicos se aseguraron de describirme con todo detalle y contaron a Alice que me sentaba a dibujar en la acera con George a mi lado.

Me lo tomé como una prueba más de que realmente estaba consiguiendo hacerme un nombre como artista. Hablaban de mí en una cadena de radio nacional. Todo estaba saliendo como había deseado.

En mi vida había trabajado tan duro como durante la primavera de 2013. Terminaba obras de High Street y retratos de George tan rápido como podía, y luego los vendía a los viandantes para cubrir los gastos de alojamiento y manutención para ambos hasta que aparecía Carina y me acompañaba a la azotea para centrarme en el dibujo destinado a las colaboraciones. Cuando anochecía tenía la vista cansada y los dedos doloridos, pero el trabajo y la sensación de estar persiguiendo un objetivo me hacían sentir muy bien.

Tengo que admitir que, siendo un adolescente, cuando me limitaba a vagar por ahí sin ocupación ni expectativas de ningún tipo, no veía ningún sentido a eso de deslomarse como una mula para luego tener que entregar al fisco buena parte del dinero que tanto costaba ganar. En esos momentos, en cambio, lo veía de un modo completamente distinto. Por fin había aprendido lo edificante que puede resultar un día de curro honrado y productivo.

En ocasiones, Les me invitaba a cenar y yo no hacía más que darle la lata con lo mucho que estaba trabajando.

—No me das pena —me decía él—. Sigue así, estás haciendo lo que debes.

George se sentaba a su lado y movía la cabeza como si asintiera a sus palabras. Después de comer algo, cogía el rotulador y dibujaba unos cuantos retratos de mi perro mientras se echaba un sueñecito y Les y yo seguíamos charlando.

Griff estaba ansioso por conseguir las copias de la vista urbana de Londres para mandárselas a los artistas urbanos y se interesaba a diario por cómo progresaba la obra.

—Lo voy haciendo poco a poco —le decía—. Deja de preocuparte tanto, lo tendré listo a tiempo.

Sin embargo, Griff se preocupaba de todos modos, a tal punto que decidió posponer la exposición hasta septiembre. Eso no solo me daba más tiempo para terminar los dibujos de High Street y los retratos de George que mi galerista me había encargado, sino que además él tendría más tiempo para conseguir el máximo número de colaboraciones posible.

La industria del arte era un mundo completamente nuevo para mí, por lo que era todo oídos cuando Griff me contaba cómo pensaba incorporar a aquellos artistas. Me contó que algunos a los que conocía estarían más que dispuestos a ayudarlo y que ya habían demostrado interés, como Stik y Thierry, pero que otros requerirían algo más de persuasión, ya fuera porque no les gustaba que les pidieran colaboraciones o porque simplemente tenían demasiado trabajo y no resultaba fácil localizarlos. Griff conocía muchos creadores de renombre y sin duda vería a un gran número de artistas urbanos famosos durante los festivales que estaba organizando para los meses de mayo y junio, pero quería poner las cosas en marcha incluso antes, en la medida de lo posible.

—ROA está en la ciudad —dijo—. He conseguido un gran muro para él cerca de Bethnal Green Road, detrás del Kentucky Fried Chicken. Quiero que vayas a conocerlo. Llévale uno de los dibujos de las vallas publicitarias, explícale el concepto y pregúntale si quiere colaborar en el proyecto.

Griff me había contado muchas cosas acerca de ROA y quedé horrorizado ante la perspectiva de dirigirme a alguien tan importante como él.

—¿ROA? ¿El que hace esos grandes animales y pájaros en blanco y negro? ¿El que hizo el erizo gigante que hay en Chance Street?

—Sí, John.

—Pero ¡si es una leyenda!

—Sí. Y también es un artista «sin compromiso».

—¿Qué quieres decir?

—Que no hará nada que no le apetezca.

Eso me intimidó mucho, pero Griff me explicó que tendría muchas más posibilidades de que ROA colaborase conmigo si iba a verlo en persona y le contaba lo que estaba haciendo. Quería que le diera un dibujo para que pudiera decidir mejor si le apetecía participar en nuestro proyecto o no.

A mí me parecía todo muy atrevido, pero Griff se mostró muy persuasivo.

—Nos vemos allí el martes y te lo presentaré —me dijo.

Acepté a regañadientes. Mi galerista había concertado una cita con un periodista del diario *Metro* para entrevistar a ROA y ya le había advertido que conocería los dos extremos del espectro: ROA, el artista superestrella, y John Dolan, el artista que todavía estaba en la calle. No quise dejar colgado a Griff, pero la verdad es que cuando George y yo nos dirigíamos a Bethnal Green Road tenía los nervios de punta. Llovía a cántaros, y durante todo el camino solo tuve ganas de dar la vuelta y volver a High Street o a mi piso, cualquier cosa para obviar el estrés que me provocaba el encuentro con ROA.

Griff estaba sentado con su ayudante, Carina, y con el artista Christiaan Nagel, conocido por unas esculturas de setas que instalaba en lugares extraños y maravillosos de todo el mundo.

—Muy bien, ROA ha hecho una pausa y está hablando con el periodista del diario *Metro* —dijo Griff mientras nos invitaba a entrar por un callejón—. John, tendrías que ir ahí dentro y hablar con él en cuanto surja la ocasión.

Miré a ROA con admiración y luego hicimos algo de tiempo mientras terminaban de entrevistarlo para *Metro*. Al poco me di cuenta de que Griff me estaba haciendo señas con las cejas desesperadamente mientras apuntaba con la barbilla hacia ROA, que se estaba comiendo un bocadillo.

—Esta es tu oportunidad. Ve a hablar con él.

Respiré hondo, me acerqué a ROA sin demasiada convicción y me presenté. El tipo del diario *Metro* seguía allí y enseguida llegó a la conclusión de que yo era «el otro extremo del espectro» que Griff le había comentado. Aquel periodista me hizo una o dos preguntas que contribuyeron a romper el hielo y, acto seguido, George entró en escena mirando con demasiado anhelo la comida de ROA. Nos hicimos una fotografía que realmente plasmó el momento: yo salgo dibujando un edificio y ROA comiéndose el bocadillo bajo la atenta mirada de George. Es una foto estupenda.

En cualquier caso, seguía nervioso por el hecho de tener que pedir a ROA que colaborara en mi obra y encima reparé en que estaba a punto de volver a trabajar en su mural.

—¿Estarás aquí mañana? —le pregunté. Decidí dejarlo para otro momento y aprovechar que el primer contacto había sido positivo.

—Sí —respondió.

—¿Te parece bien que vuelva mañana para verte?

—Sí, ningún problema —me dijo.

Al día siguiente, ROA estaba solo, escuchando música subido a una plataforma elevadora. Me quedé mirando con fascinación cómo controlaba el espray mientras esperaba el momento de hablar con él de nuevo.

Al cabo de un rato, salió de la plataforma elevadora y subió a una azotea cercana para contemplar el progreso de la obra. Yo sabía que si Griff hubiera estado allí presente habría elegido ese momento para decirme: «Vamos, hazlo. Ve a hablar con él», por lo que me decidí a dar el paso.

ROA escuchaba música *grime* con su teléfono. Yo también soy un fanático del *grime*, por lo que nos pusimos a hablar de ello y enseguida hicimos buenas migas. Al final me relajé y estuvimos charlando durante dos horas, aunque no dejé de recordarme ni un minuto que debía reunir el valor necesario para hablarle de mi obra antes de marcharme.

Al final el tema salió solo, mientras le explicaba la idea que Griff había tenido de pedir a varios artistas urbanos que dibujaran sobre la valla publicitaria y le contaba cómo había ido evolucionando el proyecto inicial y que estaba trabajando también en un dibujo de la silueta de algunos edificios de Londres para que los artistas pudieran crear sobre el muro del Village Underground.

—¿Te apetecería hacer uno tú? —le pregunté.

—Claro —dijo como si nada—. Ningún problema.

Todo el estrés que me había provocado el hecho de tener que preguntárselo se esfumó de golpe. Era un tipo encantador; no debería haber temido tanto dirigirle la palabra. Le di las gracias y me quedé charlando con él un rato más. Cuando bajé de la azotea le metí el dibujo de la valla publicitaria en la bolsa y crucé los dedos.

El mural de ROA era una aglomeración impresionante de pájaros y otros animales entrelazados que provocaba una gran sensación. A la semana siguiente apareció el artículo en el diario *Metro* y, para mi gran asombro, también hablaba de mí. No había esperado que me incluyeran. Quedé completamente alucinado, más aún cuando se mencionaba asimismo a Banksy.

—¡Joder! —pensé mientras miraba a George sin poder creer lo que acababa de leer—. ¡Aparezco en el mismo artículo en el que hablan de ROA y de Banksy, en un periódico de Londres!

A esas alturas ya pensaba que Griff era capaz de conseguir cualquier cosa. Creía en él a pie juntillas, y admiraba su entusiasmo y su determinación. Pensé que si había conseguido que apareciera en *Metro* de ese modo, cualquier cosa era posible. Seguía buscando temas adecuados para la exposición y todavía no habíamos fijado una fecha, pero no me cabía ninguna duda de que la muestra acabaría fructificando. El hecho de ver mi nombre impreso fue una prueba más de que lo que me estaba ocurriendo no era cualquier cosa. Estaba convencido de que no sería una exposición cualquiera, de que me haría famoso y mis obras inspirarían a otros indigentes.

—¿Puedes conseguir que Bruce Springsteen vaya a ver mi obra? —le pregunté medio en broma, y es que tenía la impresión de que Griff tenía la mejor agenda de teléfonos de Londres y podía mover los hilos que quisiera.

Se partió de risa, y ahora me doy cuenta del motivo, porque ahora sé que es un tipo de lo más normal.

Telefoneé a mi hermana Jackie el día que salió publicado el artículo en el diario *Metro*. Durante el tiempo que llevaba en Shoreditch la había mantenido informada sobre todo lo que me estaba sucediendo. La llamaba cada seis meses más o menos, como había hecho durante esos años que estábamos distanciados. Le había explicado que me sentaba en la acera con George y que le ponía el vaso de papel delante. Cuando empecé a dibujar también se lo conté, porque las noticias vuelan en el East End y no quería que se enterara por otra persona de lo que estaba haciendo.

—Léete el *Metro* —le dije—. ¡Hablan de mí en el mismo artículo en el que hablan de Banksy!

—¿De verdad? —respondió—. ¿En serio?

Tenía que pedirle algo y me pareció que era el momento perfecto.

—Jackie, me gustaría que vinieras a la inauguración de la exposición. Se está hablando mucho de mí por Shoreditch últimamente. ¡Tienes que venir! —Jackie me escuchó mientras le contaba mis sensaciones acerca de la exposición y sobre lo importante que era para mí que ella estuviera presente—. Me he mantenido alejado de ti todos estos años por la vida que he llevado —añadí—, pero por fin estoy listo para rodearme de mi familia de nuevo. Será mi manera de pedir perdón y de intentar que algún día puedas sentirte orgullosa de tu hermano pequeño.

—¡Sí, John, que ya va siendo hora! —se burló Jackie.

Creo que fue lo único que se le ocurrió decir. Lo que le pedía era mucho, después de tantos años sin vernos. Era la primera vez que la llamaba por teléfono para contarle buenas noticias y debía de sonar muy poco creíble que el chorizo de la familia se hubiera convertido de repente de un verdadero artista a punto de inaugurar una exposición individual en Londres.

Pregunté a mi hermana por David y Malcolm, y le confesé que también quería que vinieran a la exposición.

—Por favor, intenta convencerlos para que acudan, Jack. Para mí no habría nada mejor que veros a todos allí.

La pobre Jackie se vio inmersa de golpe en una situación incómoda.

—No puedo prometerte nada —afirmó—. Sé que tanto David como Malcolm trabajan mucho y tienen poco tiempo libre… —Era evidente que mi hermana no estaba segura de que realmente la exposición fuera a tener lugar y, de todos modos, tampoco podía hablar en nombre de David y Malcolm—. Me tendrás al corriente, ¿verdad? —me pidió antes de despedirnos—. Ya me dirás la fecha exacta cuando lo sepas. Buena suerte, John.

—Lo haré, Jackie. No veo el momento.

20

Confiar en que la exposición sería un éxito era tanto un deseo como una necesidad. Además, el hecho de haber ido a ver a ROA bajo la lluvia cuando en realidad era lo que menos me apetecía del mundo demostró a Griff hasta qué punto me tomaba en serio la muestra. Eso le infundió confianza en lo que estábamos haciendo. Podía sentir cómo la idea iba tomando impulso sin parar y a menudo me despertaba por la mañana pensando en aquella exposición lleno de entusiasmo e impaciencia.

Tardé siete semanas de duro trabajo en terminar el dibujo de la silueta de la ciudad, pero por fin lo tenía acabado. No cabía duda de que era el mejor que había hecho. En el mes de mayo, Griff acudió al festival de arte urbano que había organizado en Dulwich, y se llevó un montón de copias de aquella obra mía. Yo me quedé donde siempre, en High Street, dibujando cada día sin falta para terminar el resto de las creaciones que formarían la exposición y ganarme, además, unas libras para ir tirando con George.

La mayoría de las jornadas me sumergía tanto en mi trabajo que se convertía casi en una forma de meditación. George se sentaba muy tranquilo a mi lado y yo me ponía a dibujar en silencio, sin darme cuenta de cómo pasaba el tiempo ni la gente por la calle, a menos que me dirigieran la palabra.

Stik venía a verme de vez en cuando y se sentaba con nosotros. Él también tiene un pasado como indigente y descubrimos que teníamos mucho en común. Empezamos a forjar una verdadera amistad.

Me animaba mucho, me decía que tenía talento y que merecía tener éxito; por mi parte, yo sentía una enorme gratitud ante esas palabras, porque en ocasiones necesitaba recordarme ese tipo de cosas.

A pesar del entusiasmo y la energía que estaba experimentando, seguía teniendo momentos en los que la depresión asomaba la cabeza dispuesta a darme una patada en las pelotas y hacerme saber que no se había marchado del todo. Eso es lo malo de tener un historial de problemas mentales. No es que me sintiera triste o decaído; la depresión es un estado clínico sobre el que no tengo control cuando decide visitarme. Cuando eso ocurría, me hundía en el pesimismo.

—¿Qué pasará si todo esto no es más que flor de un día? —dije a Stik cierta vez que me sentía especialmente mal.

—No es verdad, John. Tienes que seguir creyendo en ti mismo.

Stik se encargó de guiarme, de espolearme continuamente, y eso conseguía animarme más que nada.

George, como siempre, seguía siendo una fuente constante de inspiración. Era mi talismán, y en ocasiones lo miraba solo para recordarme lo lejos que había llegado desde que nos habíamos conocido. Cuando decidí adoptarlo yo era un verdadero desastre, y mira cómo estábamos ahora, pensaba. De algún modo, por dentro, tenía la sensación de que la exposición sería todo un éxito, pero me decía a mí mismo que daba igual lo que ocurriera a continuación porque ya había conseguido muchas cosas en la vida gracias a George.

—Cabrón —aún le soltaba a menudo, tanto si estaba intentando robar algo de comida como si se comportaba de un modo impecable, enroscado en el suelo a mi lado mientras dibujaba—. Eres un cabrón, ¿a que lo sabes?

Él se volvía y me respondía con una mirada que parecía responder:

—Mira quién habla.

No éramos más que dos almas perdidas que se habían encontrado y que ya en ese momento estaban unidas para siempre, pasara lo que pasase. Más allá de lo que pudiera llegar a ocurrir con la exposición, sabía que después continuaría dibujando y ganándome la vida, por fin, de forma honrada. Sabía que no volvería a pisar la cárcel porque George estaba a mi lado para guiarme por el buen camino.

El único nubarrón oscuro sobre mi cabeza que amenazaba con destruirlo todo era mi problema con las drogas. Todavía no había conseguido librarme de esa adicción. Todo cuanto había hecho había sido descubrir exactamente la clase de ayuda que tenía a mi disposición y dónde conseguirla. Había prometido a Griff que tendría el problema resuelto antes de la exposición, pero me estaba costando mantener mi palabra. Seguía intentando reunir el valor para ir a ver a un médico, porque sabía lo difícil que sería lidiar con el estrés de la exposición y todo el trabajo que todavía tenía por delante.

No hacía más que decirme que tenía que conseguirlo antes de la muestra, a tal punto que ese pasó a ser mi objetivo vital. Se lo debía a mi galerista y al resto de las personas que estaban colaborando conmigo y que creían en mí. El éxito y la respuesta positiva que Griff obtuvo en Dulwich todavía añadía más motivos. Tenía que empezar a creer que si había llegado hasta allí, también podría ir un poco más allá y quedar limpio del todo.

Griff había empezado a recibir respuestas acerca de las colaboraciones y junto con ROA tuvo la idea de dar a los artistas la libertad de intervenir con su obra en otras partes del paisaje urbano, además de hacerlo sobre el muro del Village Underground.

—Creo que deberíamos basarnos en las leyes de la física del mundo real —me explicó por teléfono un día— y sugerir a los artistas que solo pinten los puntos a los que podrían llegar en la vida real. ¿Qué te parece?

—Me parece que entiendo lo que quieres decir, niño pijo. —Solía llamarlo así para provocarlo un poco—. Te refieres a que se limiten a las paredes y a los laterales de los trenes, como si estuvieran pintando en la calle, ¿no?

—Exacto. Será como un arte urbano de fantasía.

—Me gusta cómo suena. Y el concepto, también. La física del mundo real, ¿eh? ¿Qué te parece, George?

George me miró con cara de póquer. Lo dejamos en manos de Griff y me pareció bien, para variar. Me gustaba que se encargara de esa parte del trabajo. A esas alturas ya me había demostrado con creces lo que era capaz de hacer y sabía que podía confiar en él.

Thierry Noir había estado con Griff en el evento de Dulwich y gracias a la reunión que habíamos tenido en la cafetería ya había comprendido el proyecto y estaba preparado y listo para colaborar. Fue el primer artista que añadió su nombre y su obra a mi dibujo de la silueta urbana, y se lo agradezco enormemente porque lo que hizo de algún modo fue como iniciar un efecto en cadena, como una bola de nieve.

—Además del muro del Village Underground, puedes dibujar también por los rincones y las grietas, el tipo de cosas que sueles hacer en la vida real —dijo Griff a Thierry, a sabiendas de que era muy condescendiente y no le importaría que lo guiaran de ese modo.

Thierry accedió de buena gana. Decoró el muro del Village Underground con sus clásicas caras de contorno negro y pintadas de un rojo chillón y añadió unas cuantas piezas en un póster y en la parte trasera de la camioneta que pasaba por debajo de la vía del tren.

Además de Thierry, muchos otros artistas urbanos compartieron alojamiento con Griff en Dulwich durante el festival, incluido ROA, el italiano RUN y el español Liqen. Griff dejó la obra de Thierry encima de la mesa para que todos pudieran verla y ROA fue el primero en fijarse en ella.

De hecho, ROA no había llegado a terminar el dibujo de la valla publicitaria que le había dado en Bethnal Green Road, pero sin lugar a dudas recordaba que nos habíamos conocido y seguía interesado en la idea y en lo que Thierry había hecho.

En ese momento la contribución de ROA consistió en revolucionar un poco las cosas, porque el resto de los artistas sabían que él solo se implicaba en proyectos que lo motivaran. Una noche se sentó a la mesa y dibujó un pájaro sobre el puente por el que pasaba el tren. Ese dibujito fue lo que en verdad abrió las compuertas. A partir de lo que ROA hizo, muchos más artistas de la casa de Dulwich decidieron arrimar el hombro: Liqen, por ejemplo, añadió un Dios enorme en las nubes de otra copia impresa de mi dibujo. Griff había estado mandando docenas de ellas a otros creadores de todo el mundo. Algunos ya habían añadido su obra según la idea original, pero después de ver las brillantes aportaciones de ROA y de Liqen, Griff animó al resto a que hicieran lo que les diera la gana.

Stik enseguida aportó una colaboración sorprendente con uno de sus hombres de palitos de color amarillo, enorme, que ocupaba la torre Broadgate entera. RUN, Dscreet, BRK y Malarky también se mostraron muy ingeniosos y añadieron sus propias interpretaciones del concepto. Hubo incluso varios artistas que colaboraron en una misma copia del dibujo, algo que no estaba previsto que ocurriera. Fue sobrecogedor. Esas aportaciones reflejaban estilos tan diversos que no había una igual. Me sentí realmente honrado y conmovido por la manera en la que los artistas reaccionaban ante mi dibujo inicial.

A medida que Griff comenzó a disponer de obras terminadas, empezó a promover el interés por la exposición poniendo a la venta para sus clientes algunas de las colaboraciones en lo que llamó una «venta anticipada». Aquello era territorio inexplorado para mí, por lo que dejé que él se encargara de ello y me limité a confiar en que saldría bien. Había incluido un pequeño retrato de George en la obra de la silueta urbana y a partir de ahí fui haciéndolo en todos mis dibujos porque estaba seguro de que actuaría de talismán. Cada vez tenía más fe en el éxito de la exposición, tanto que al final estaba convencido de que lo vendería absolutamente todo. Tenía esa corazonada.

Las colaboraciones empezaron a llegar por correo, con sellos y matasellos de todo el mundo. Al menos una o dos veces por semana, un tipo de Fedex se presentaba con un tubo de cartón en el despacho de Griff y este me llamaba para que acudiera desde High Street a fin de descubrir su contenido. Era apasionante contemplar cada colaboración y ver de qué manera había decidido trabajar sobre mi dibujo cada artista. George y yo nos tomábamos una foto con cada nueva pieza para dejar constancia del momento.

A esas alturas comencé a conocer y a asociarme con más y más artistas. Un día, Rowdy, un viejo amigo de Banksy, pasó por el estudio y dibujó un cocodrilo sobre la vía del tren. Luego, en otra copia del dibujo, plasmó una escena nocturna increíblemente detallada y colorista. El resultado era impresionante.

—He estado comentando a Griff que me gustaría que alguien le pusiera huevos y que atacara también el cielo, además del resto del dibujo, ¡y tú lo has hecho! —le dije, y es que estaba encantado de verdad.

También me dejó embelesado la colaboración de Cityzen Kane en la que aparecía un gigantesco dios hindú elaborado con pan de oro. Todavía hoy sigue siendo uno de mis favoritos.

Hubo artistas que pidieron un pequeño porcentaje de las ventas finales, pero la mayoría de ellos lo hicieron gratis porque recordaban lo que significaba estar en mi situación, lo mucho que costaba salir de la nada y conseguir prestigio cuando partías de cero.

Griff hizo lo posible por concertar citas con artistas internacionales a los que todavía no había conocido cuando se enteraba de que estaban en la ciudad, y siempre me parecía emocionante que me los presentara porque con cada nueva conexión me sentía un paso más cerca de convertirme en uno de ellos, en un artista reconocido. Sin embargo, a pesar de lo estimulante que resultaba, durante la recta final hacia la inauguración de vez en cuando me asaltaban las incertidumbres. Era como tener un pie en el pasado y otro en el futuro.

Había ocasiones en las que me sentaba en la calle con George, con el vaso de plástico, y me sentía el mismo mendigo de siempre. A esas alturas vendía un montón de dibujos porque mi reputación crecía con rapidez, pero seguía habiendo días en los que podía pasarme un montón de horas sin que cayera ni un solo penique. Así son las cosas en la calle. En esos momentos en los que la cosa estaba más tranquila sufría arrebatos depresivos y me preocupaba haber vuelto a la casilla de salida. Era irracional, porque sabía que la exposición sería impresionante y, aun así, no podía evitar sentirme de ese modo.

Otras veces, en cambio, me sentía como un artista de verdad y era como estar en las nubes. Los transeúntes se agolpaban a mi alrededor para verme dibujar, o bien Griff me llamaba para que acudiera a su despacho porque acababa de llegar otro tubo desde Madrid o Nueva York.

Lo más inquietante era que ninguna de esas dos versiones de mí mismo parecía permanente y tenía sentimientos encontrados todo el tiempo. Incluso cuando decía a la gente que iba a arrasar en el mundo del arte, oía una vocecita dentro de mi cabeza que me gritaba: «¡Espero no estar diciendo gilipolleces!».

En ocasiones me llevaba a George a dar un paseo alrededor de la manzana o bajábamos hasta el mercado de flores para aclararme las ideas y disipar las dudas.

«¿En qué coño me estoy metiendo? —pensaba—. ¿Y si me hago famoso de verdad? ¡Yo no quiero ser famoso!»

George seguía como siempre, saqueando los cubos de basura en busca de restos de comida y caminando pegado a mi lado cuando se lo ordenaba. Verlo de ese modo era un consuelo para mí. No todas las cosas de mi vida estaban cambiando; al menos había una constante en la que podía confiar: mi mejor amigo, George.

Durante esa época recibí otra carta del ayuntamiento, y ese día sin duda me sentí de nuevo como el mismo John Dolan de siempre, es decir, como un imbécil sin remedio. La carta era una reclamación de ochocientas libras por retrasos en el pago del alquiler. Tenía que abonar el importe completo en el plazo de una semana o me desahuciarían y, por supuesto, no disponía de tanto dinero.

Se me había ido completamente la olla con el pago de las facturas. Había estado tan concentrado en crear obras para la exposición que algunos días había tenido que quitarme de encima a la gente que quería comprarme dibujos en High Street. Además, a esas alturas Griff me estaba presionando para que creara obras originales y de gran formato a modo de crónica de la zona, por lo que no había terminado ni la mitad de los cincuenta retratos de George y los cincuenta dibujos de High Street que había prometido entregarle.

Los sudores y el pánico se apoderaron de mí. Me sentí físicamente enfermo con solo pensar que me echarían del piso. Había sido mi hogar y el de George durante tres años, y la perspectiva de vivir otra vez en la calle en esa etapa de la vida me parecía impensable. Ya había cumplido cuarenta años; era demasiado viejo para volver a estar sin techo y todavía no podía creer el lío en el que me había metido justo cuando mi existencia estaba a punto de dar un giro radical.

Sin embargo, no quería pedir a Griff las novecientas libras que me guardaba en el despacho, a pesar de que habría sido la solución más simple. Era una cuestión de orgullo. No deseaba pasar por la vergüenza de tener que explicarle que estaba a punto de perder el pequeño apartamento en el que me cobijaba y me negaba a rogarle su ayuda como un mendigo. En esos momentos, no; sobre todo después de lo mucho que estaba haciendo por mí.

21

Ya había podido comprobar que era capaz de saldar mis deudas vendiendo dibujos en High Street, de manera que me sobrepuse y decidí hacerlo de nuevo. Un tiempo atrás no habría llegado siquiera a imaginarlo, pero las cosas habían cambiado. Estaba frente a una encrucijada en mi vida y podía elegir si quería hundirme o mantenerme a flote. Sabía que si me lo proponía de verdad podría conseguir el dinero del alquiler en pocos días. Varias personas me habían estado preguntando si podían comprarme algunos de los originales de mayor tamaño, con temas de edificios en los que había estado trabajando para la exposición, y en esos momentos me daba cuenta de que podría haber pedido centenares de libras por ellos. No iba a vender los que estaban destinados para la muestra porque no habría sido justo para con Griff, pero decidí dejarla de lado temporalmente y empecé a dibujar más retratos de George y dibujos de edificios para los viandantes.

Durante los cuatro días que pasé sentado en la gélida acera apenas me detuve para respirar; casi muero en el intento, pero lo logré. Conseguí reunir una suma de dinero suficiente para saldar mi deuda con el ayuntamiento y no perder el piso.

Más que nunca, tuve una verdadera sensación de éxito al ver que no necesitaba ayuda: había sido capaz de salir airoso de una situación complicada. Del mismo modo que George me había salvado, en esa ocasión había sido mi talento lo que nos había salvado a los dos. No quería ver a los lobos acechando a la vuelta de la esquina, no digamos ya frente a mi puerta una vez más. Seguí dibujando, ya centrado en crear obras para la exposición, y me mostré agradecido siempre que un viandante echaba una moneda en el vaso de George, puesto que ese dinero nos permitía ir tirando.

Fue de ese modo, en la calle, como me encontró Griff el día en el que vino a verme para contarme que había vendido cinco obras de colaboraciones en preventa por un importe de quince mil libras. Realmente fue un momento determinante de mi vida que no olvidaré jamás.

Por supuesto, el dinero no estaba ni mucho menos en el banco todavía —aún tenía que emitir las facturas—, pero eso no me importó lo más mínimo. No estaba desesperado por tener aquella fortuna en mis manos; aquello significaba para mí algo mucho más importante. El enorme éxito de la preventa demostraba que las esperanzas y los sueños que había albergado durante los últimos meses por fin se hacían realidad.

No expliqué a nadie lo del dineral excepto a mi hermana Jackie porque sabía que tenía que convencerla de algún modo para que acudiera a la exposición. No estoy seguro de que creyera todo lo que le estaba contando, pero tampoco me pareció mal.

—Ese Griff... ¿es un buen tipo? —me preguntó con recelo después de que le hubiera hablado de lo de la preventa—. ¿Es de fiar?

—Sí, Jack. No te preocupes. ¿Me prometes que vendrás a la exposición?

—De acuerdo, John. Haré lo que pueda.

—Prométeme que intentarás que David, Malcolm y sus familias vengan también. De verdad, me gustaría que estuvieseis todos allí.

—Lo intentaré, pero ya te dije que los dos están muy ocupados últimamente.

Todavía no estaba seguro de que me hubiera creído y no la habría culpado por ello. Los meses siguientes hasta la inauguración de la exposición transcurrieron en un abrir y cerrar de ojos. Me pasé los días dibujando a todas horas, como un autómata, y Griff me hablaba a diario de un artista nuevo que se había unido al proyecto.

—De acuerdo, hasta ahora tenemos a Steve ESPO Powers, Zomby, Pablo Delgado, Mad C, Flying Fortress, CEPT, Gaia y C215… —decía como quien pasaba lista para recordar a todos los que habían aceptado contribuir a la exposición.

Cada día oía nombres nuevos y no daba abasto, perdí la cuenta.

Griff tenía un montón de libros acerca de arte urbano en su estudio, y el poco tiempo libre que me quedaba lo pasaba hojeándolos para intentar aprender quién era quién y por qué obras eran conocidos. No fue fácil; al final teníamos a casi cuarenta artistas colaboradores.

Necesitábamos un lugar adecuado para el evento y, tras varios meses buscando, Griff y su equipo consiguieron hablar con los responsables de renovar el edificio del 189 de High Street de Shoreditch que colindaba con la vieja tienda de artículos de piel Leather & Suede. Fue una bonita casualidad. Sabían quién era yo puesto que me habían visto cada día sentado frente a la caja de electricidad del otro lado de la calle, y nos cedieron la planta baja con mucho gusto mientras ellos seguían rehabilitando el resto del edificio. Se mostraron entusiasmados por mis obras y uno de ellos incluso me compró una.

La primera vez que había dibujado ese edificio, tres años antes, no había visto en él más que una construcción destartalada que podía servirme para mis estudios hasta que hubiera mejorado lo suficiente para plasmar las casas de los pijos de Hampstead. Si en ese momento alguien me hubiese dicho que vería expuestas mis obras justo en él, lo habría tomado por loco. Pero allí estaba yo, preparándome para mi primera exposición, que tendría lugar en el 189 de High Street, en Shoreditch.

Por supuesto, el aspecto del edificio era patético, puesto que estaba en obras, pero eso no nos amedrentó. De hecho, eso lo hacía más atractivo y encajaba a la perfección con la imagen y el concepto de mi obra, que procedía directamente de la calle.

Griff puso un rótulo muy sencillo en el exterior que rezaba «Howard-Griffin Gallery» e hizo imprimir un folleto para anunciar la inauguración. Las puertas se abrirían a las siete y media de la tarde del 19 de septiembre. Yo no podía estar más impaciente.

22

Decidimos que la exposición se llamaría «George the Dog, John the Artist» [El perro George y el artista John]. Fue idea mía, me pareció muy adecuado y simple a la vez.

En una cara del folleto aparecía la colaboración con Thierry Noir y la de ROA, mientras que en el reverso había una foto mía en la acera, dibujando, con George sentado y envuelto en el abrigo frente a un vaso de papel metido en un rollo de cinta americana.

«Puede que no sepas que conoces a John Dolan, pero es el artista más famoso del Est End londinense», rezaba la publicidad. «Dolan se sienta cada día con su perro George en High Street, en Shoreditch, y documenta la arquitectura circundante, por lo que su obra ofrece una visión privilegiada del cambiante rostro del Shoreditch contemporáneo.»

A continuación mencionaba algunos de los artistas urbanos que habían contribuido con colaboraciones y terminaba con la frase: «Estos artistas han creado obras únicas trabajando directamente sobre las paredes y las estructuras urbanas dibujadas por Dolan, con lo que queda plasmado tanto lo perenne como lo efímero de una ciudad inmersa en un cambio constante».

—¡Joder! —exclamé al verlo—. Suena genial ese tal Dolan. ¿Quién puede ser?

—Ni idea —decía la cara de George—. Pero parece un verdadero gilipollas.

Griff había hecho un buen trabajo y ya con el folleto en la mano todo me pareció muy real, muy inminente. Lo que necesitábamos a continuación era asegurarnos de que la gente visitaría la exposición. Empecé a repartir folletos a los viandantes que pasaban por High Street mientras dibujaba. Se paraban a charlar, me deseaban buena suerte o en ocasiones me pedían que les firmara el folleto. Muchos de ellos me habían visto allí sentado desde hacía años y habían sido testigos de mi evolución como artista.

—¿El dibujo que estás haciendo estará en venta? —me preguntaron algunos.

Les gustaba el hecho de ver cómo creaba en directo las obras de la exposición, constatar que procedían literalmente de la calle.

Una tarde les di un folleto a Gilbert & George cuando pasaron por delante de mí a la hora de siempre, puntuales como un reloj. Mientras se marchaban, les grité:

—¡Me encantaría que vinierais, pero no os lo tendré en cuenta si al final no puede ser!

No vinieron, pero más adelante hube de reconocer que en el fondo fue una suerte puesto que la exposición habría quedado en segundo término de haber contado con su presencia.

Necesitábamos ayuda para repartir los cuatrocientos folletos que habíamos impreso y decidí recurrir a mi amigo Gary Rixon. Lo había pasado mal por culpa del alcohol y había sufrido el rechazo de su familia, por lo que me apetecía que la exposición lo beneficiara también a él. Conocía al padre de Gary y lo llamé por teléfono para invitarlo a la exposición, puesto que quería que Gary se reuniera con sus seres queridos del mismo modo que esperaba que mi familia estuviera presente.

—Sé que Gary no ha querido ver a nadie en el estado en el que se encuentra —le expliqué—. Yo he pasado por lo mismo y sé lo que se siente, pero voy a intentar que me acompañe a la exposición. Sé que le gustaría ver a su padre.

Griff puso mucho empeño en publicitar la exposición y consiguió que un periodista de la BBC me entrevistara durante los días previos a la inauguración y que acudieran a filmar esa noche.

Decidí aprovechar la ocasión para intentar convencer a Jackie y al resto de la familia para que fueran a la inauguración.

—Oye, Jack, la muestra será un acontecimiento muy importante —le dije por teléfono—. No os la podéis perder. Vendrá la BBC para entrevistarme. Saldré en las noticias de las seis.

—¿De verdad? ¿Cuándo?

—Todavía no lo sé, pero te lo diré cuando se acerque el momento.

—De acuerdo, estaré esperando.

Fue frustrante comprobar que Jackie seguía dudando al respecto. Sin embargo, no estaba dispuesto a que se me escapara con tanta facilidad. No me importaba parecer demasiado insistente o desesperado. Recurrí a la súplica para asegurarme de que comprendía lo que quería transmitirle.

—Mira, Jack —le dije—, reconozco que me he comportado como un verdadero gilipollas durante toda la vida y sé que os he decepcionado a todos, pero esta es mi oportunidad de pediros disculpas de una vez por todas y de demostraros que he cambiado. Quiero sentirme parte de la familia de nuevo y no tener que hablar contigo únicamente por teléfono.

—Te comprendo —contestó Jackie con consideración—. Es solo que hay muchas cosas que debo asimilar. Ha pasado demasiado tiempo, John, y todo esto es difícil para mí.

—Lo comprendo, pero esta vez tienes que confiar en mí, Jack. Tienes que venir. Es lo que te he dicho antes: quiero volver a rodearme de mi familia. Quiero que tú, Johnny y las niñas vengáis; quiero que Malcolm y David vengan también, con las esposas y los críos... Bueno, sé que han dejado de ser pequeños, pero ¡ya me entiendes! ¿Te pondrás en contacto con ellos por mí? ¿Les contarás todo lo que está ocurriendo y conseguirás que vengan? Sé que tú lo lograrás, Jack. Tú eres capaz de convencerlos.

Me di cuenta de que Jackie estaba preocupada por cómo podían llegar a salir las cosas, pero al final me salí con la mía y se comprometió a llamar a Malcolm y a David de mi parte.

—Gracias, Jack —le dije con gran alivio. Había estado soñando con ello durante mucho tiempo y confiaba en que mi hermana me ayudaría a conseguirlo—. Por favor, convéncelos. Explícales que es muy importante para mí, que siento mucho haber sido tan cabrón cuando era niño y haberles causado tantos problemas durante tantos años. Diles que he puesto orden en mi vida y que esta es mi manera de disculparme. De verdad, quiero teneros cerca en estos momentos, quiero que os sintáis orgullosos de mí.

No podría haberlo expresado de forma más rotunda. Al día siguiente Jackie llamó a Malcolm y a David y les pidió que corrieran la voz para que lo supiera también el resto de la familia.

A esas alturas hablaba por teléfono con Jackie varias veces por semana y en todas ellas seguía la misma rutina.

—¿Cómo está David? ¿Y Malcolm? —le preguntaba—. Por cierto, Jack, ¿vendrán a ver la exposición?

—No lo sé —respondía ella—. Para serte sincera, están muy ocupados los dos, mucho.

Comprendí que Jackie no podía prometerme nada y que tampoco quería decepcionarme, pero yo estaba seguro de que mi insistencia daría sus frutos.

Pasé a ver a Les para contarle todo lo que me estaba sucediendo como tantas otras veces. Él me había invitado a cenar en muchas ocasiones y siempre me animaba desde que había conocido a Griff, pero durante la elaboración de las obras para la exposición había empezado a tener serios problemas de salud. Había perdido tanto peso que se había quedado en los huesos. Me di cuenta de que se le escapaba la vida a pesar de no tener más que sesenta y dos años.

—Se lo demostrarás, tu familia estará orgullosa de ti —me dijo.

Quedaba claro que Les ya estaba orgulloso de mí. Poco antes me había contado que las noticias de la exposición lo estaban ayudando a seguir adelante. Me había apoyado durante todo el proceso y juró que intentaría aguantar para poder ser testigo de mi triunfo la noche de la inauguración.

—Te mereces que todo salga bien —me dijo—. No tengo ninguna duda de que será un éxito. Todo lo que pueda salir de esa exposición será bueno.

Fue maravilloso tener un apoyo tan incondicional. Las palabras de Les me dieron fuerzas para continuar a medida que se acercaba la fecha de la inauguración, cuando tuve que trabajar a tope para tener listos todos los dibujos.

Al ver a mi amigo tan frágil me di cuenta de lo breve que puede llegar a ser la vida y de que si seguía descuidando mi cuerpo no tardaría en acabar como él. Al final, cogí el toro por los cuernos, fui a buscar una receta para desengancharme de las drogas y me atreví por fin a ir al médico para entrar en un programa de desintoxicación. Fue como hacer encajar en su sitio la última pieza de un rompecabezas. Valdría la pena soportar el dolor a corto plazo porque sabía que Les tenía razón: la vida sería cada vez mejor, y no quería que nada lo fastidiara esa vez. Eso es lo que me repetía a todas horas a mí mismo, mientras soportaba la agonía y la tortura del síndrome de abstinencia: los sudores fríos, los dolores de cabeza y el terrible dolor en la base de la columna vertebral y en las piernas.

En mis manos estaba no solo mi futuro, sino también el de George. Era el momento de demostrar lo mucho que lo quería, tenía que ir a por todas. Me armé de valor y luché contra los síntomas día tras día. Fue la experiencia más dolorosa de mi vida. Si alguno de los que estáis leyendo esto está tan loco como para plantearse la posibilidad de tomar drogas, por favor, no lo hagáis. Es un largo camino hacia el suicidio.

23

El día de la inauguración se apoderó de mí una inquietud increíble. Durante varios meses había sido yo quien decía a Griff que la exposición tendría un éxito clamoroso. Ya veía mi nombre en letras luminosas en Hollywood. John y George serían grandes estrellas, y la película sobre mi meteórico ascenso desde la acera hasta las cimas del mundo del arte llegaría a los cines en cosa de un año. Mi optimismo y mi entusiasmo no conocían límites, mientras que Griff mantenía una visión mucho más comedida y prudente de los acontecimientos.

Nuestros papeles se intercambiaron durante las horas previas a la inauguración de la exposición, porque de repente era yo quien me había puesto nervioso y Griff el que se mostraba positivo e intentaba infundirme confianza.

—¿Y si solo vienen seis personas? —le pregunté.

—Vendrá mucha más gente, John —aseveró, muy seguro a pesar de que era evidente que también estaba sometido a la presión.

Para mantenerme ocupado, esa tarde fui a comprarme ropa nueva.

—No tienes por qué ir tan elegante —dijo Griff.

—No soy un vagabundo —afirmé mientras guiñaba un ojo a George—. Creo que puedo permitirme el lujo de comprarme algo de ropa nueva para la ocasión.

Me di cuenta de que Griff temía que pudiera aparecer hecho un dandi, pero lo único que hice fue comprarme una chaqueta y unas zapatillas de deporte nuevas. También le compré ropa a Gary porque quería que se presentara con el mejor aspecto posible para reencontrarse con su familia.

La BBC me había estado grabando durante toda la semana en High Street, preparaban un reportaje que querían emitir mientras durara la exposición. Un día me pidieron que me sentara bajo el puente del ferrocarril porque llovía y luego el periodista quiso grabarme frente al muro del Village Underground, resguardado bajo un paraguas mientras hablaba con el artista argentino Martin Ron.

—Tiene que parecer que estamos hablando de arte —le advertí mientras me reía con nerviosismo—. Pero hablemos de cualquier chorrada, tampoco se enterarán.

Eso es lo que le decía mientras estaban grabando, por eso Martin Ron empezó a reírse también. Me dio por cachondearme de la situación porque una vez más me encontraba en territorio inexplorado. Me sentía como un pulpo en un garaje y necesitaba relajarme un poco.

Aparecí en las noticias de Londres de la BBC a las seis de la tarde, el mismo día de la inauguración. Nos sentamos con George en el piso para verlo y la verdad es que me sentí muy incómodo, mucho más que cuando me habían estado grabando.

—¿Qué he hecho? —le pregunté a George—. Yo no quería hacerme famoso.

—Tranquilo, visto lo visto no tienes nada que temer —decía la expresión de George.

Durante las semanas previas a la inauguración me habían entrevistado también muchos periodistas de diarios locales y articulistas de unas cuantas revistas.

A algunos de ellos les dije que hacía casi veinte años que no veía a mi familia, aunque ninguno de los reporteros demostró el más mínimo interés por los detalles de mi trasfondo familiar. Siempre que les contaba que esperaba reunirme con mis hermanos me ponía nervioso y hablaba emocionado. Y eso que, a pesar de lo mucho que me había esforzado en convencer a Jackie por teléfono, todavía no sabía nada acerca de si alguno de ellos asistiría a la inauguración.

Cuando terminé de ver el reportaje por la tele, empecé a pensar en el pasado. Habían sucedido muchas cosas durante los dieciséis años que llevábamos sin vernos. La última vez que los había visto yo tenía veinticinco años, fue poco después del funeral de Gerry. ¿Vendrían a la inauguración? No tenía ni idea. ¿Vendría alguien, de hecho? Todavía no había salido de casa y ya estaba sudando.

Sabía que más tarde tendría que decir unas palabras en público y no hacía más que dar vueltas a todo lo que quería expresar. Deseaba explicar un montón de cosas: cómo había intentado plasmar aquellos edificios viejos antes de que los derribaran, puesto que me fascinaban pero era consciente de que Shoreditch estaba experimentando un desarrollo acelerado. Quería hablar sobre la voluntad de devolver algo a la sociedad después de tantos años robando. Acababa de donar algunas obras a UNICEF y a otra fundación benéfica, la Big Issue Foundation, que ascendían a varios miles de libras y estaba planeando seguir por ese camino. Quería agradecer a todos los artistas urbanos el tremendo respeto que habían demostrado colaborando conmigo.

También tenía que pensar en el reencuentro entre Gary y su padre, eso sin contar que todavía me faltaba agradecer a Griff su ayuda. Tenía que pensar en un montón de cosas. Si por algún milagro mi familia se presentaba en la exposición, ¿cómo conseguiría encajar a Malcolm, David y Jackie entre todo aquello? ¿Cómo sería eso de mantener una reunión familiar al mismo tiempo que tenía lugar el acontecimiento más transcendental de mi vida?

Antes de salir del piso en dirección a la galería me quedé sentado en silencio en el sofá durante unos minutos para intentar calmarme. George se pegó a mí como si quisiera mostrarme lo mucho que me quería, como si supiera que en ese momento necesitaba apoyo.

«¿A qué estoy jugando?», pensé. Conocía a una persona que seguro que no estaría allí. Por desgracia, Les había fallecido un mes antes de la inauguración mientras estaba sentado tranquilamente en su casa. Yo sabía lo mucho que había deseado ver la exposición, pero en parte me sentí aliviado de que no pudiera ir, porque no quería que siguiera aferrado a la vida sufriendo por mi culpa.

—¿Qué diría Les de esto, eh? —pregunté a George mientras me preparaba para salir del piso.

«Esta es tu noche. Asegúrate de que la disfrutas.»

Eso es exactamente lo que Les me habría dicho y también lo único que yo necesitaba saber. La influencia de Les solo había sido positiva y yo quería estar a la altura.

En cuanto llegué a la galería me sentí como un cervatillo paralizado ante los faros de un coche. Mientras me acercaba, vi la enorme cola de gente que esperaba en la acera. Ver allí a tantas personas me pareció irreal, porque un poco más allá pude ver también mi sitio habitual en la acera, frente a la caja de electricidad. Allí había un chico con un folleto en la mano, esperando para cruzar la calle. Me pareció tan extraño que fui del todo incapaz de asimilar lo que estaba ocurriendo. Se había congregado una multitud variopinta que representaba la enorme diversidad de Shoreditch. Había hipsters al lado de indigentes, ejecutivos, gente vestida a la última, obreros de la construcción, estudiantes, otros artistas... Empezó a venir de forma espontánea gente de todo tipo. Era como si la comunidad se hubiera reunido para ayudarme, del mismo modo que me había ayudado en la calle cuando aquellos que no me compraban un dibujo echaban una moneda en el vaso de George para que pudiéramos ir tirando. En ese instante cruzaban la calzada conmigo y seguían ayudándome. Me sentí muy agradecido. De hecho, fue abrumador.

Cuando se abrieron las puertas, empezaron a servir bebidas, y los cámaras y los fotógrafos me hacían ir de un lado a otro. La imagen que me quedó del momento es borrosa, pero recuerdo los flashes y las grabadoras de los periodistas. Tom Donkin, de la BBC, también estaba allí, grabando la exposición. Vino a entrevistarme, aunque con el tiempo nos hemos hecho amigos como con tantas otras personas desde la inauguración, a pesar de que esa noche fue solo uno más de los que convirtieron aquella humilde muestra de dibujos de edificios vetustos en una exposición llena de glamour.

«¿Cómo es posible todo esto? —pensaba yo todo el rato—. ¡Estamos hablando de mí, de John Dolan!»

George parecía igual de desconcertado que yo. Miraba a su alrededor como diciendo «¿Qué demonios hace tanta gente aquí? ¿Y por qué hay cincuenta retratos míos, casi idénticos, colgados de la pared?».

El aspecto de la sala era impresionante. Todas las paredes estaban cubiertas con dibujos míos. Teníamos un total de cuarenta colaboraciones y en algunas de ellas habían participado hasta tres o cuatro artistas. Había colgados cinco grandes originales de los edificios en un extremo, iluminados por un montón de focos, mientras que los pequeños retratos de George llenaban una pared lateral, la que quedaba frente a las colaboraciones. La repetición tenía un aspecto fabuloso.

Vi que Griff vendía obras a dos manos mientras yo hablaba con los periodistas. Intenté cruzar la sala para llegar hasta él, pero no fue fácil. Allí dentro había doscientas personas apretujadas y doscientas más esperando fuera, haciendo cola para entrar.

Sin que yo me diera cuenta, mientras sucedía todo esto, en

la calle se detuvieron tres taxis repletos de gente de diferentes edades. Conforme los ocupantes de los vehículos bajaban se quedaban mirando con asombro la escena que tenían delante, porque habían tenido que convencerlos para que acudieran y esperaban que fuera un acto mucho más sencillo e íntimo.

Mientras escribo estas líneas, todavía tengo que pellizcarme de vez en cuando, y es que no acabo de creer que haya sucedido realmente. La gente de los taxis eran Jackie y sus hijas, Natalie y Emily; Malcolm con su esposa Gaye y sus dos hijas, Angel y Jessie; y David con su hija mayor, Vicky, acompañada también por su marido.

Entraron juntos, y todos quedaron asombrados por lo que estaban presenciando. Habían acudido con el convencimiento de que sería un lugar tranquilo, con media docena de personas charlando y bebiendo vino de forma discreta. Eso ya habría sido todo un logro tratándose de mí, la oveja negra de la familia. Lo más probable es que pensaran de ese modo, porque hasta ese momento yo no había sido más que una fuente de problemas y decepciones para ellos.

Primero vi a Jackie y a sus hijas y las abracé superado por la emoción. Tuve que abrirme paso a través de la multitud para saludar al resto de los miembros de la familia. Me resultó increíblemente emotivo verlos después de tantos años, aunque tampoco fue como solemos imaginar ese tipo de reuniones familiares. Fue impresionante tenerlos a todos allí, en medio de la exposición, y no creo que ninguno de nosotros fuera capaz de asumir la situación en toda su magnitud. Cuando ahora pienso en ello, me siento como cuando intento recordar un sueño porque todo parecía muy irreal.

No encuentro un modo mejor de describirlo que este: yo sabía que estaba ocurriendo, pero casi tenía la sensación de que no era cierto.

Malcolm y David apenas habían cambiado y cuando empezaron a hablar fue como si todos esos años se hubieran desvanecido de repente.

—¿Qué? ¿Los has hecho todos tú? —me preguntó Malcolm mientras miraba las colaboraciones, que llamaban mucho la atención del público.

—No exactamente, ya te lo explicaré —le dije.

Lo acompañé por toda la exposición y le conté cómo había conocido a ROA, a Thierry Noir y a Stik, y cómo aquello había iniciado una reacción en cadena que había permitido reclutar a muchos artistas urbanos más. Malcolm parecía verdaderamente impresionado cuando de repente oí la voz de David a mi espalda. Me di la vuelta justo cuando le estaba haciendo una pregunta a Griff:

—Eh, amigo, ¿no te está estafando?

—¿No deberías estar preguntando a John si soy yo quien le estafa a él? —replicó Griff con una carcajada.

Por fin conseguí felicitarlo por haber sido nombrado miembro de la Orden del Imperio Británico. Le dije que lo había visto en las noticias y cuán orgulloso me sentía por todo lo que había hecho por el prójimo a lo largo de su vida. Le expliqué también que gracias a él había decidido hacer obras de caridad, para emularlo.

—Christie's ha subastado el primer dibujo de UNICEF por varios miles de libras —le anuncié—. Estoy orgulloso de ello y quiero hacer más cosas como esa.

—Puedes estar orgulloso —dijo David con una sonrisa—. En eso consiste la vida, hijo mío.

Casi me echo a llorar, de verdad. Llevaba muchos años deseando que mi familia se sintiera orgullosa de mí y había mantenido la esperanza hasta el último momento. Apenas podía creer haberlo conseguido, y encima de ese modo tan espectacular.

Cuando llegó el momento de dirigir unas palabras al público, todos se congregaron en la vieja escalera que estaba al fondo de la galería para poder verme mejor. La sala entera guardó silencio y noté que todos los ojos se clavaban en mí cuando empecé a hablar. George estaba a mi lado, tranquilo y sereno como de costumbre.

Comencé explicando el concepto de las colaboraciones y creo que dije algo como que esperaba que mis dibujos de la calle abrieran los ojos de la gente al mundo que les rodeaba.

Mientras hablaba, establecí contacto visual con la hija mayor de Jackie, Natalie. Ahora ya es una joven adulta, pero yo no la había visto desde que era un bebé. Al verla allí sentí tanta alegría que tuve que morderme el labio y contener las lágrimas para continuar. Cuando reparé en la hija de David, Vicky, el efecto fue el mismo. No la había visto desde que era apenas una adolescente y ahora trabajaba como contable.

—Ya hablaremos acerca de los impuestos que te tocará pagar —me dijo con una sonrisa cuando, más tarde, estuvimos hablando. Fue increíble ver a mis sobrinas, convertidas en adultas hechas y derechas.

El padre de Gary también hizo acto de presencia y, aunque no pude dedicarles mucho tiempo, me consta que lograron reunirse después de tantos años. Eso significó mucho para mí, porque quería que el arte sirviera para mucho más que simplemente para conseguir unas libras para mantenernos a George y a mí. Tal como me dijo David cuando le conté lo de la donación benéfica: «En eso consiste la vida». Esa noche lo cambió todo y quería utilizar ese cambio de un modo positivo, para ayudar a los demás.

También acudió un buen amigo mío, Georgie Tricks, quien contribuyó a alegrarme la velada. Es uno de los colegas con los que entré en el patio de un mecánico a los catorce años. Se presentó con su hijo, que tenía dificultades de aprendizaje. Se me hizo un nudo en la garganta al conocerlo por primera vez y al ver a Georgie de nuevo después de veintitantos años. De hecho, estaba tan conmovido que le pregunté si podía hacer algo por su hijo. Estaba dispuesto a darle dinero para que pudieran ir a Disneyland o algo parecido, y es que me hizo una ilusión tremenda verlos. Georgie me contó que a su hijo no le permitían volar, pero me agradeció la intención de todos modos.

En realidad Georgie no necesitaba mi ayuda ni la de nadie, puesto que se las había arreglado bien solo; se había casado con su amor de toda la vida, Tracy, y tenía un buen empleo en una agencia de publicidad. Me alegré mucho por él y supe que a Dot le habría pasado lo mismo. La madre de Georgie, Annie, había sido una de sus mejores amigas y las dos siempre hablaban con preocupación de lo que nos depararía el futuro. Creo que Dot y Annie se habrían sentido orgullosas de cómo estábamos Georgie y yo.

En algún momento de la noche salí a tomar un poco de aire fresco, puesto que el ambiente estaba muy cargado y empezaba a sentirme algo alterado. Había tanta gente apiñada en la sala que tenía un calor tremendo, por no mencionar los nervios que me habían provocado tantas emociones al ver que mi vida pasada y la actual se encontraban.

—¿Estás bien? —me preguntó Georgie, que también salió a tomar el aire.

—Creo que estoy en estado de shock —respondí sin pensar—. Me siento como un viajero en tierras desconocidas.

No estoy seguro de que Georgie supiera cómo responder a eso, pero tampoco tuvo que hacerlo, porque de repente oí una voz femenina diciendo:

—John, ¿te acuerdas de mí?

—Claro que sí —respondí en cuanto levanté la mirada y le vi la cara—. ¡Eres Sarah!

No la había visto desde que era una adolescente, pero la reconocí enseguida: Sarah era la hija mayor de Jimmy Dolan.

—Te vimos en las noticias —empezó a explicarme—. Papá se preguntaba qué había sido de ti durante todos estos años.

Le pregunté por Jimmy, por supuesto, y Sarah me contó que habían tenido que amputarle una pierna por culpa de la diabetes. Me entristeció oír esa noticia y le dije que seguiríamos en contacto. Quería preguntarle si Jimmy había intentado encontrarme, pero no lo hice. Deseaba hacerle un montón de preguntas, pero estaba llegando a un punto en el que no podía asimilar más cosas. Esas conversaciones las tendría más adelante; todo aquello era demasiado para una sola noche.

Hacia las diez me moría de ganas de marcharme a casa. Tenía los nervios de punta, y estaba física y mentalmente agotado. Necesitaba quedarme solo con George y digerir todo lo que había ocurrido.

No fue hasta el día siguiente cuando me enteré de lo que habíamos llegado a vender y aprecié de verdad lo importante que fue ese día.

Todos los retratos de George y los dibujos de los edificios de High Street se vendieron esa misma noche, con precios que oscilaban entre las veinte y las cincuenta libras. Habíamos vendido también treinta de las colaboraciones que había colgadas en las paredes, con precios que iban desde las quinientas hasta las tres mil quinientas libras. El importe total de las ventas ascendía a treinta y cinco mil libras que, junto a las quince mil de la preventa, sumaban en total cincuenta de los grandes.

¡Cincuenta de los grandes! No parecía real, pero ni siquiera una suma tan elevada de dinero tenía para mí tanto valor como lo que había ocurrido con mis hermanos.

—Cuando bajé del taxi y vi a tanta gente en la exposición, me sentí muy orgulloso de ti —me había dicho David.

Fue un momento increíble de mi vida oírle decir eso. No podría haberme dicho nada mejor. Yo había sido una cruz para mi familia durante décadas, pero por fin había conseguido encontrar el camino correcto. Que mi hermano mayor me reconociera ese hecho fue muy importante para mí. Podría haberme muerto y subir al cielo en ese preciso momento porque ya había conseguido lo que siempre había deseado.

—Te aseguré que lo lograríamos, ¿eh? —le dije a George al final, porque me estaba mirando fijamente mientras yo estaba absorto en mis cavilaciones, intentando que mi mente procesara todos esos acontecimientos que me estaban cambiando la vida—. ¡He conseguido que mi familia esté orgullosa de mí y encima he ganado cincuenta de los grandes! —Le di unas palmaditas—. ¡Quién lo habría dicho!

George me miraba con la misma expresión irónica del día en el que Griff me contó lo de la preventa, el día que parecía decir: «¿Cuándo me darás la mitad que me corresponde?».

Lo cogí en brazos y lo estreché con fuerza. Merecía recibir más de la mitad. A él se lo debía todo.

Epílogo

Mientras escribía este libro me he planteado dos grandes preguntas. ¿Cómo empezaron a torcerse las cosas? Y ¿cómo empezaron a arreglarse de nuevo?

Han pasado ocho meses desde aquella exposición y todavía estoy asimilando ese cambio que ha sacudido mi vida de arriba abajo.

Como ya he explicado, la muestra no supuso solamente un medio para conseguir dinero y asegurarme un futuro para mí y para George. Quería que supusiera un cambio también en la vida de otras personas, que inspirara a otros indigentes e incluso a cualquiera que estuviera sufriendo problemas parecidos a los que tuve yo en su momento.

El hecho de que me ofrecieran la posibilidad de escribir este libro fue un verdadero obsequio, porque me ha dado la oportunidad de compartir los detalles de la historia y de explicar cómo y por qué me descarrié como lo hice. Con toda sinceridad, espero que aquellos que lean el libro y que hayan tenido más suerte que yo en la vida se den cuenta de que son cosas que pueden pasarle a cualquiera.

Yo no nací siendo malo, mis genes no me convertían de forma automática en un ladrón, un drogadicto o un indigente. Simplemente me tocaron malas cartas en la partida, como a tantas personas del mundo, y tardé mucho tiempo en aprender a barajarlas y a repartirlas de nuevo.

No culpo a nadie. Hay infinidad de individuos que empiezan mucho peor que yo, pero ahora sé que no importan las cartas que te toquen: la vida consiste en cómo las juegas, sean las que sean. Tenemos que encontrar nuestros talentos —porque todos tenemos alguno— y utilizar esas habilidades para salir del lodo de la mejor manera posible, una y otra vez si es necesario.

Miro atrás y no puedo creer que tuviera el valor —o los huevos— de cometer robos durante tantos años. Por supuesto, no estoy nada orgulloso de mi pasado como delincuente, ni siquiera teniendo en cuenta que los recuerdos de algunos líos en los que me metí todavía me hacen reír hoy en día.

De joven intentaba engañarme a mí mismo convenciéndome de que el tipo de delitos en los que me había especializado no hacían daño a nadie, pero ahora no lo veo de ese modo. Ningún delito está exento de víctimas, ¡ni siquiera si el golpe lo das en una mierda de franquicia de Dunkin' Donuts!

Cuando Griff y yo estábamos preparando la exposición, no paraba de repetirle que debíamos hacer alguna obra benéfica, porque creo de verdad que de lo que se siembra se recoge. Yo recibí un montón de ayuda cuando estuve en la calle y quería más que nada en el mundo empezar a devolver algo a la sociedad.

Mi colaboración con UNICEF y Big Issue Foundation fue solo el principio. También he ayudado a Centrepoint con obras para una subasta benéfica y hace poco he participado en un proyecto artístico basado en la comunidad del Museo de Londres. Espero poder participar en actos similares a nivel mundial y ayudar a la gente de la India que ni siquiera tiene acceso a la atención médica básica o al agua potable, por no hablar ya de un techo bajo el que cobijarse.

Debido al éxito de mi exposición, Griff estableció la galería Howard-Griffin como lugar de exposición permanente en el número 189 de High Street, en Shoreditch. A finales de año organizamos otra muestra parecida a la de Londres pero en Los Ángeles y con un paisaje de esta ciudad como base para nuevas colaboraciones. Sinceramente, no me lo puedo creer. ¡Esto es la leche! Si ya me parece un milagro tener el pasaporte y el dinero para viajar a Estados Unidos, la idea de inaugurar una exposición allí es demasiado.

Mi hermana Jackie cumplió diez lustros a principios de año y me invitó a su fiesta en un lugar muy elegante de Chancery Lane.

—Vendrás, ¿no? —me dijo Malcolm.
—¿Quién irá? —le pregunté.
—La familia y los amigos —respondió—. ¡Tienes que venir!

Esa conversación, hace un tiempo, solo podría haberla soñado. Ni que decir tiene que fui a la fiesta.

Jackie tenía un aspecto fantástico y estaba rodeada no solo de la familia, sino de un montón de gente más, como compañeros de estudios y amigos a los que yo conocía de President House.

Igual que el día de la exposición, hube de asimilar infinidad de cosas. Mucha gente sabía de los problemas que había tenido a lo largo de los años y para ser sincero me sentía un poco inquieto acerca de lo que se pudiera estar diciendo de mí. A esas alturas cabía pensar que los comentarios fueran positivos, por supuesto, pero no estaba seguro de ello.

No me quedé hasta muy tarde; me excusé y me marché. Esto no es una versión edulcorada de mi vida a la manera de Hollywood, como tampoco pretendo fingir que el final de la historia es perfecto y que comimos perdices y todo eso, porque no sería verdad. En realidad, me costará mucho tiempo reconstruir todos los puentes que derribé a lo largo de los años, pero me siento tan afortunado de tener la oportunidad de hacerlo que no voy a desperdiciarla. Por fin he aprendido la lección.

George estaba durmiendo cuando llegué a casa esa noche y me senté a mirarlo durante un buen rato mientras pensaba en lo que habría podido ser de mí en caso de que ese perro no hubiera entrado en mi vida.

Él había modificado por completo mi manera de pensar. ¿Cómo podía haberme cambiado tanto la vida un Staffordshire? Era una locura, pero una locura completamente real.

Mi deuda con George es enorme, y espero que se dé cuenta de lo mucho que lo quiero.

Agradecimientos

Gracias a los artistas de todo el mundo con los que he tenido el honor de colaborar. Siento una gran gratitud hacia todos vosotros.

2501 (Italia)
Agostino Iacurci (Italia)
Ben Wilson, alias Chewing Gum Man [el Hombre de Chicle] (Reino Unido)
BRK (España)
Broken Fingaz Crew (Israel)
C215 (Francia)
CEPT (Reino Unido)
Christiaan Nagel (Sudáfrica)
Cityzen Kane (Reino Unido)
David Walker (Reino Unido)
Dscreet (Australia)
Ekta (Suecia)
Flying Fortress (Alemania)
Gaia (Estados Unidos)
Gold Peg (Reino Unido)
Hitnes (Italia)
Ian Stevenson (Reino Unido)
Kid Acne (Reino Unido)

Know Hope (Israel)
Liqen (España)
MadC (Alemania)
Malarky (Reino Unido)
Martin Ron (Argentina)
Maser (Irlanda)
Michael De Feo (Estados Unidos)
Pablo Delgado (México)
Pelucas (España)
Pez (España)
ROA (Bélgica)
Ronzo (Alemania)
Rowdy (Reino Unido)
RUN (Italia)
Sever (Estados Unidos)
Steve ESPO Powers (Estados Unidos)
Stik (Reino Unido)
Swet (Dinamarca)
The London Police (Reino Unido)
The Rolling People (Reino Unido/España)
Thierry Noir (Francia)
Zomby (Reino Unido)

Además de todos estos creadores, mucha gente se implicó para ayudarme en este viaje que, de no ser por ellos, nunca habría sido posible para George y para mí.

Gracias una vez más a todos los artistas que me concedieron el honor de colaborar con ellos. Gracias a David Burns por dejarme dibujar el paisaje urbano de Shoreditch desde la azotea de su edificio y gracias a Carina Claassens por asegurarse de que realmente subía a dibujar. Un agradecimiento especial a Ron y Oren Rosenblum por cedernos el espacio del número 189 de High Street para la exposición. También a Hannah Zafiropoulos por su incansable trabajo y su capacidad organizativa, así como por buscar en las calles de Shoreditch la ubicación adecuada para la exposición. Gracias a Dave y Paddy Evans y a Robin Phillips por su ayuda para colgar las obras el día de la inauguración; sin ellos no habría habido nada en las paredes. Gracias a Gary Rixon por repartir los folletos de la muestra por Shoreditch. Gracias a Will Robson-Scott, Marcus Peel, Albert Thorne, Rob Weir y Tom Donkin por su talento con la cámara. Gracias a Silja Andersen de Big Issue Foundation y a Francesca Giorgi-Monfort y David Morris por su ayuda y la paciencia que han demostrado tener. Gracias a todos los que acudieron a la inauguración y contribuyeron a que fuera una de las mejores noches de mi vida, y gracias sobre todo a los que compraron alguna de mis obras entonces.

Gracias a mi editor, Jack Fogg, de Random House, y a todo el equipo de la editorial que trabajó duro para hacer posible la publicación de este libro. Gracias también a Rachel Murphy por toda su ayuda y su apoyo.

Un agradecimiento de todo corazón, en mi nombre y en el de George, a la comunidad de Shoreditch que nos mantuvo durante tres años en High Street. Cuando no compraban dibujos, metían monedas en el vaso de George o, al menos, siempre tenían palabras de apoyo para nosotros.

Gracias a Big Ben y a Paul del Rainbow Sports Bar, que siempre se preocuparon de que no me ocurriera nada los viernes por la noche, cuando los borrachos más locos salían de fiesta por Shoreditch.

Finalmente, gracias a Richard Howard-Griffin, alias Griff. Sin su amistad y su dedicación, nada de esto podría haber sucedido.

Cuando se puso el sol y el día llegó a su fin, el artista John Dolan y su perro George vivieron felices por siempre jamás.